CICÉRON

Éloge de la v… e

(Cato Ma…

…ace de
Laure Adler

ÉDITIONS MILLE ET UNE NUITS

Texte issu des *Œuvres complètes de Cicéron*, sous la direction de M. Nisard, tome 4, Firmin Didot Frères, 1868, p. 522-544.

Couverture : Cédric Parisot
Photo : D.R.

www.fayard.fr/1001-nuits

Dépôt légal : novembre 2021
ISBN : 978-2-755-50821-5

Sommaire

Préface

Vieillir est une chance. Vieillir est un avantage. Vieillir est un destin dépendant aussi de son attitude de vie devant l'existant.

L'homme vieux (car il n'est aucunement question de la femme dans ce texte) possède des avantages : il en sait plus que les autres non seulement par son expérience, mais aussi par la sensation plus intime (et cette dimension nous parle encore aujourd'hui) d'avoir déjà vécu. La vie est un feu qui, progressivement, deviendra flamme, puis flammèche. Elle disparaîtra en se détériorant dans le cosmos épousant la nature même du vivant, se consumera dans l'inexistant. Mais l'inexistant n'est pas l'invisible : seuls ceux qui veulent savoir que la vie n'est pas uniquement une enveloppe corporelle n'ignorent pas que les âmes demeurent et qu'elles tournoient dans l'infini du monde en exécutant une joyeuse sarabande.

Le texte de Cicéron est joyeux délibérément. Affirmatif par conviction et par pédagogie. On parle dans le langage courant de joie de vivre. Cicéron nous enseigne la joie de mourir. Et il le fait sans grandiloquence : il nous admonesterait presque en nous susurrant à l'oreille : « Ce n'est quand même pas toute une affaire de mourir, n'en fais pas tout un tintouin. » Au calcul des bénéfices-risques, il y a plus à gagner qu'à perdre. D'abord, parce que c'est une récompense : plus de souffrances comme dans ce bas monde, plus d'inquiétude, plus d'angoisse du lendemain et, peut-être, des retrouvailles avec nos chers disparus.

Ce texte de Cicéron, plus épicurien que stoïcien, est dédié à son ami Atticus. Il se présente comme un dialogue entre Caton l'Ancien à la fin de sa vie et ses jeunes amis Scipion Émilien et Lélius. Atticus a soixante-six ans, Cicéron soixante-deux. Il est écrit en l'an 709 (– 44/43 dans notre calendrier grégorien), au moment des déchirements de la République. Cicéron place l'action en 603. C'est Caton qui parle de ce qu'il vit – il est bien placé, puisqu'il a quatre-vingt-quatre ans – à ses jeunes amis, sans se laisser interrompre. Respect dû à l'âge ? Pas seulement. L'argumentation avance par cercles concentriques et cela permet à Cicéron, grâce à ce dispositif oratoire, de procéder non par des affirmations péremptoires, mais par des interrogations de type socratique, afin de minimiser les désavantages liés à l'âge pour mieux en vanter les mérites.

Il faut préciser les conditions particulières de l'écriture de ce texte : Cicéron est inquiet, à l'époque il ne cesse de changer de domicile, tant il est persuadé qu'on veut porter atteinte à sa vie (il ne se trompe guère puisqu'il sera finalement assassiné), ce qui explique peut-être le sentiment d'urgence qui s'en dégage.

Ajoutons que ce texte n'évoque qu'une condition : celle de l'élite (plus on est riche, déjà, plus on vit vieux) politique et sociale, excluant les femmes qui ne sont pas considérées comme des citoyennes, et prône un art philosophique de « dévivre ». En effet, malgré le ton allègre, ce que propose Cicéron, c'est la vieillesse comme un moins et l'acceptation de ce moins. Moins vouloir, moins désirer. Moins prétendre. Se résigner, entrer dans ce champ mental et psychique qui permet de s'acheminer vers l'acquiescement, d'où peut surgir une certaine exaltation de voir le ciel s'assombrir et une certaine fatigue de vivre vous envahir.

Dur métier que de vivre, disait Cesare Pavese. Inexorable tâche que d'apprendre à mourir. Le plus tôt sera le mieux. La vie comme un permanent au revoir.

Ces propos de Cicéron ont traversé le temps. Ils ont trouvé peu de détracteurs mais beaucoup d'imitateurs et de passionnés qui en ont fait une morale de vie. Érasme affirmait que c'était l'un des traités les plus parfaits et ajoutait : « Je ne sais pas ce qu'éprouvent les autres en lisant Cicéron, mais je sais bien que toutes les fois que j'arrive à le lire (ce que je fais souvent) il me semble que l'esprit qui a pu produire de si beaux ouvrages renfermait quelque chose de divin. »

Plus tard, une femme, encore beaucoup trop méconnue, Madame de Lambert, après un traité de l'amitié, se plaira à égaler, voire à surpasser son modèle Cicéron en écrivant son traité de la vieillesse (celui-ci ne sera publié qu'à titre posthume en 1747). Quand elle le rédige, elle n'a que cinquante-cinq ans, mais se dit concernée personnellement dans son corps et son âme par cet âge dont elle perçoit les conséquences. Elle souligne, en incipit de son traité de la vieillesse : « On ne travaille que pour les hommes mais pour les femmes, dans tous les âges, on les abandonne à elles-mêmes : on néglige leur éducation dans la jeunesse; dans la suite de leur vie on les prive de soutien et d'appui pour leur vieillesse; aussi la plupart des femmes vivent sans attention et sans retour sur elles-mêmes : dans leur jeunesse elles sont vaines et dissipées, et dans la vieillesse elles sont faibles et délaissées. » C'est donc à elles que Madame de Lambert s'adresse pour vivre du mieux possible ce dernier acte de leur existence. Elle-même aborde ce cap et entend bien ne pas sombrer dans la mélancolie de son propre passé. « Quand les peurs sont pures dans le premier âge, la vieillesse est douce et tranquille. » La meilleure manière de vieillir pour une femme est de ne pas se livrer aux dérèglements ni de son apparence ni de tous ses sens. Ce n'est pourtant pas ce qu'il se passe : les femmes ont toujours envie de plaire et de tomber amoureuses. Il faut hélas savoir se déprendre du désir, du plaisir, quoi qu'il en coûte. « Ce sont les mœurs qui font les malheurs et pas la vieillesse. »

Aujourd'hui encore les constats de Madame de Lambert se vérifient : rien de plus ridicule qu'une femme dite « d'un certain âge » faisant semblant d'être une « jeunette » dans son apparence et son mode de vie. Au mieux, on sourira de manière narquoise en trouvant que son comportement est « déplacé » ; au pire – et c'est monnaie courante –, on la traitera de vieille folle ne sachant pas se tenir. Car les vieilles femmes – partout, dans toutes les civilisations – sont dangereuses. Elles qui ne sont plus procréatrices ne doivent plus éveiller le désir des hommes et, si elles le font, elles sont rejetées, sinon traitées de sorcières. Dans quelques sociétés traditionnelles – notamment en Afrique –, certaines peuvent accéder au statut de chefferie (interdit auparavant) parce que femmes ménopausées, hors jeu sexuellement ; en ressemblant aux hommes, elles exercent alors la même autorité qu'eux.

Cicéron parle des voluptés du corps que les hommes peuvent éprouver jusqu'aux derniers instants. Madame de Lambert évoque l'abandon de la grâce, la santé qui flanche, le bel âge qui s'évanouit. Même jeunes, dit-elle aux femmes – elle adresse son texte à sa fille –, sachez que vous ne l'êtes plus déjà. Cela viendra bien plus vite que vous ne l'imaginez. C'est plus lent et ça vient plus tard pour les hommes, mais la nature du voyage est semblable : comment savoir quitter la vie. Tous deux s'accordent à l'aborder avec le plus de légèreté, de naturel et d'élégance. Cicéron nous enseigne qu'il faut désirer la mort. Tous les moyens sont bons pour y parvenir, y compris la mépriser. « La plus belle manière de mourir, c'est quand on voit, en conservant tout son esprit et toutes ses facultés, la nature dissoudre elle-même l'ouvrage qu'elle avait composé. »

Cette allégresse à tenir la mort en respect et à savoir l'apprivoiser explique sans doute en partie le succès de ce texte sans cesse réédité. Le fait qu'il ne soit pas savant ni surplombant, mais qu'il s'adresse à bas bruit à chacun d'entre nous. Le fait qu'il soit court et qu'on puisse le mettre dans une poche avant d'aller marcher, pour s'arrêter sur un banc public en le prenant à n'importe quelle page, en fait un trésor.

En ces temps où on évacue et où on invisibilise la vieillesse, où les droits des plus âgés sont bafoués et où l'âge n'est plus du tout un privilège, mais un défaut existentiel, Cicéron, du haut de son grand âge, nous donne une leçon de calme, de tranquillité et de sérénité.

LAURE ADLER

CICÉRON

Éloge de la vieillesse

CATON L'ANCIEN OU DE LA VIEILLESSE

I. « Ô Titus, si je viens à ton aide et dissipe les soucis cuisants qui t'agitent, quelle sera ma récompense[1] ? » Je puis, Atticus, vous tenir le même langage qu'adressait à Flamininus « cet homme sans fortune, mais de si grand cœur[2] » ; quoique je sache bien que vous n'êtes pas, comme Flamininus, « assiégé la nuit et le jour de soins dévorants ». Je connais le juste tempérament de votre esprit et l'égalité de votre caractère, et je sais que vous avez emporté d'Athènes[3] non pas seulement un surnom, mais encore les grâces et la sagesse. Il est cependant de tristes choses[4] dont j'imagine que vous gémissez comme moi, Atticus ; fermer de telles plaies n'est pas une entreprise facile, ni dont je veuille me charger aujourd'hui. C'est de la vieillesse que je me propose maintenant de vous entretenir. Je veux nous soulager tous deux de ce fardeau commun de la vieillesse qui nous menace ou qui nous presse déjà; quoique je sache bien que vous supportez ce fardeau, comme tous les autres, libéralement et sans ennui, et que vous aurez toujours cette sagesse. Mais comme je me proposais d'écrire sur la vieillesse, cherchant qui je trouverais digne de lui consacrer un travail dont nous pussions tirer un fruit commun, c'est vous qui vous êtes présenté à mon esprit. La composition de ce livre a été pour moi chose si agréable, que non seulement elle a fait évanouir à mes yeux tous les inconvénients de la vieillesse, mais encore me l'a rendue aimable et douce. Jamais on ne pourra faire un assez bel éloge de la philosophie, qui ôte, pour ceux qui l'écoutent, toute amertume à tous les âges de la vie. J'ai déjà parlé beaucoup et souvent encore j'aurai l'occasion de parler des autres âges; la vieillesse est le sujet de ce livre que je vous envoie. Je n'ai pas mis, comme Ariston de Chios[5], mon discours dans la bouche de Tithon, car il n'eût rien gagné à cette feinte : mais j'ai fait parler le vieux Caton, qui lui donnera tant d'autorité. Je suppose que Lélius et Scipion témoignent à Caton leur étonnement de ce qu'il supporte si facilement la vieillesse, et que le vieillard leur répond. S'il vous semble mettre dans son discours plus d'art que ses écrits n'en témoignent, attribuez-le à l'étude des lettres grecques, dont nous savons tous qu'il s'éprit dans sa vieillesse.

Mais à quoi bon tout ceci ? Les paroles de Caton vous montreront assez tout ce que je pense de la vieillesse.

II. SCIPION[6]. Bien souvent, Caton, nous vous admirons, moi et Lélius, de déployer en tout une haute et admirable sagesse, et surtout de ne montrer jamais que la vieillesse vous soit à charge ; elle, si odieuse à la plupart des vieillards, qu'ils en trouvent, à leur dire, le fardeau plus dur que celui de l'Etna. — CATON. Vous admirez là, Scipion et Lélius, un mérite qui certes ne me coûte pas beaucoup. Tous les âges sont insupportables à ceux qui ne trouvent en eux-mêmes aucune ressource pour orner et remplir leur existence ; mais pour qui sait trouver en soi tous ses biens, les diverses conditions de notre nature où le cours des choses nous amène ne sont jamais des maux. Telle est en première ligne la vieillesse, que tous souhaitent d'atteindre et qu'ils accusent dès qu'ils y sont parvenus, tellement est inconstante et inique l'humeur insensée des hommes ! Ah ! disent-ils, la vieillesse est arrivée plus vite que nous n'avions compté : mais d'abord, qui les a forcés à mal compter ? Est-ce que la vieillesse remplace la fleur de l'âge plus vite que celle-ci ne succède à l'enfance ? Ensuite comment la vieillesse leur serait-elle moins insupportable à l'âge de huit cents ans, par exemple, qu'à celui de quatre-vingts ? Le passé, quelque long qu'il soit, une fois écoulé, ne peut donner aucune consolation à des sots vieillis. Si vous admirez ma sagesse (et plût aux dieux qu'elle fût digne de l'estime que vous en faites et du surnom que l'on me donne !), je vous dirai qu'elle consiste tout entière à tenir la nature pour le meilleur des guides, à la suivre et à lui obéir comme à un Dieu. Il n'est pas vraisemblable qu'après avoir si bien disposé les autres âges de la vie, elle en ait, comme un mauvais poète, négligé le dernier acte. Il fallait bien qu'il y eût un terme, et que la vie, mûrie comme le fruit de l'arbre ou le grain de la terre, s'amollit et se courbât sous le poids du temps. Cette nécessité doit être douce au sage. Faire comme les géants la guerre aux Dieux, qu'est-ce autre chose, si ce n'est s'irriter contre les lois de la nature ? — LÉLIUS. Vous ne pourriez, Caton, nous rien faire de plus agréable à Scipion et à moi, car je parle pour tous deux, que de nous apprendre ainsi d'avance, à nous qui avons le désir et le ferme espoir de parvenir à la vieillesse, comment nous pourrons le plus facilement supporter le fardeau de cet âge. — CATON. Je le ferai volontiers, Lélius, surtout si, comme vous le dites, ce vous est une chose agréable à tous deux. — LÉLIUS. Nous souhaitons certainement, Caton, à moins que ce ne soit une peine pour vous, qu'après avoir parcouru cette longue route où nous sommes engagés à notre tour, vous nous fassiez connaître le terme où vous êtes arrivé.

III. CATON. Je le ferai, je l'essaierai du moins, Lélius. J'ai souvent entendu les plaintes de mes contemporains (car on se trouve volontiers dans la société des gens de son âge), j'ai entendu C. Salinator, Sp. Albinus[7], tous deux consulaires, et à peu près du même âge que moi, gémir de ce qu'ils ne pouvaient plus goûter les voluptés, sans lesquelles, disaient-ils, on n'existait pas, et de ce qu'ils se voyaient méprisés par ceux dont ils avaient coutume de recevoir les déférences. Selon moi, ils accusaient ce qu'ils ne devaient pas accuser. Car si c'eût été là la faute de la vieillesse, j'aurais souffert les mêmes choses qu'eux, moi et tous les vieillards ; mais j'en ai connu beaucoup qui ne se plaignaient pas, qui se voyaient avec plaisir affranchis du joug des passions, et que les respects environnaient. Le véritable sujet de toutes ces plaintes, c'est le caractère et non pas l'âge. Un vieillard dont l'humeur est douce, qui n'a ni aigreur ni violence, jouit d'une commode vieillesse ; mais un esprit difficile et chagrin ne connaît le bonheur à aucun âge. — LÉLIUS. Cela est parfaitement juste, Caton ; mais ne pourrait-on pas dire que la vieillesse vous paraît supportable à cause de vos biens, de l'abondance où l'on vous voit, des honneurs dont vous êtes revêtu; et qu'il n'en peut être ainsi du grand nombre? — CATON. Sans doute, Lélius, ce dont vous parlez est quelque chose; mais tout n'est point là. Un certain habitant de Sériphe disait à Thémistocle, dans une querelle, que ce n'était point à son mérite, mais à la gloire de sa patrie, qu'il devait sa célébrité; l'Athénien répondit : « Par Hercule, si j'étais né à Sériphe, je ne serais point célèbre; et si tu étais né à Athènes, tu ne le serais pas davantage. » On en peut dire autant de la vieillesse. Dans l'extrême misère, elle ne peut être supportable même au sage; l'insensé ne s'y peut accommoder, même dans la profusion de tous les biens. Les véritables armes de la vieillesse, Scipion et Lélius, ce sont les lettres et la pratique de la vertu; cultivées à tout âge, elles portent à la fin d'une longue carrière des fruits merveilleux, en ce que d'abord elles ne nous abandonnent jamais, même à nos derniers jours (et je ne vois rien au-dessus de cela), et qu'ensuite nous trouvons les plus douces jouissances dans le souvenir du bien que nous avons fait et dans le témoignage de notre conscience.

IV. Dans ma jeunesse, je m'attachai à un vieillard, Q. Maximus, celui qui reprit Tarente, avec la même affection que s'il eût été de mon âge. Il y avait en lui un heureux mélange de sévérité et de grâce, que sa vieillesse n'avait point altéré. Quand notre amitié commença, Fabius, quoique avancé en âge, n'était pas encore tout à fait un vieillard. J'étais né un an avant son premier consulat : sous son quatrième consulat, je partis avec lui pour faire mes premières armes au siège de Capoue, et cinq ans après je l'accompagnai à Tarente. Je fus ensuite, au bout de quatre ans, élu questeur, et je remplis ces fonctions sous le consulat de Tuditanus et de Céthégus, alors que Fabius, dans une extrême vieillesse, parla en faveur de la loi Cincia sur les présents et les dons. Malgré son grand âge, il faisait la guerre comme un jeune homme, et par sa patience il tenait en échec la fougue juvénile d'Annibal; c'est de lui que notre Ennius[8] a si bien dit : « Un seul homme, en temporisant, releva notre fortune. Il ne plaçait point les rumeurs publiques avant le salut de l'État. Aussi sa gloire grandit-elle après lui, et s'accroît-elle tous les jours. » Quelle vigilance, quelle habileté ne déploya-t-il pas pour reprendre Tarente? Salinator, qui, après avoir perdu la ville, s'était réfugié dans la citadelle[9], se glorifiait du succès de Fabius, et lui disait, moi présent : « Vous avez repris Tarente, grâce à mes soins. » — « Sans doute, répondit Fabius en riant; car si vous ne l'aviez perdue, je ne l'aurais jamais reprise. » Il ne fit pas éclater plus de courage sur les champs de bataille qu'au Forum : consul pour la seconde fois, tandis que son collègue Sp. Carvilius gardait le silence, il s'opposa de toutes ses forces au tribun du peuple G. Flaminius, qui partageait au peuple par tête, et contre l'autorité du sénat, les champs du Picénum et de la Gaule[10] ; augure, il osa dire que tout ce qui servait la république était accompli sous de bons auspices ; tout ce qui lui portait atteinte, sous de mauvais. Que de qualités, que de vertus admirables il réunissait ! Mais rien n'approche de l'héroïsme avec lequel il supporta la mort de son fils, homme distingué et personnage consulaire. Il prononça lui-même l'éloge funèbre qui nous est conservé ; en le lisant, comme nous trouvons misérables tous les discours des philosophes ! Ce n'était pas seulement aux yeux du monde et en public qu'il avait cette grandeur ; à l'ombre du foyer domestique, je le trouvais plus grand encore. Quelle conversation ! quels conseils ! quelle connaissance de l'antiquité ! quelle science du droit augural ! Ajoutez-y beaucoup plus de littérature que n'en a d'ordinaire un Romain. Il savait par cœur toutes les guerres non seulement domestiques, mais étrangères ; j'étais avide et charmé de l'entendre ; il semble que je pressentais qu'après lui, je ne trouverais plus personne pour m'instruire.

V. Mais pourquoi tant insister sur Maximus ? Parce que je veux vous montrer que ce serait une impiété de déclarer une telle vieillesse malheureuse. Il est vrai que tous les vieillards ne peuvent être des Scipions et des Fabius, ni avoir à se rappeler leurs prises de villes, leurs combats sur terre et sur mer, leurs guerres et leurs triomphes. Le soir d'une vie calme, élégante et pure, a sa douceur aussi et son charme : telle fut la vieillesse de Platon, que la mort vint chercher au milieu de ses travaux à quatre-vingt-un ans ; celle d'Isocrate, qui nous dit avoir écrit, à quatre-vingt-quatorze ans, son livre intitulé *Panathenaicus*, et qui vécut encore cinq ans après. Gorgias de Léontium, son maître, accomplit sa cent septième année, et jamais il ne renonça à l'étude ni au travail. On lui demandait pourquoi il voulait tellement prolonger sa vie : « Je n'ai aucune raison d'accuser la vieillesse », répondit-il. Belle réponse, et digne d'un homme aussi docte. Les fous accusent la vieillesse de leurs défauts, et lui reprochent ce dont la faute est à eux seuls : Ennius, que je citais tout à l'heure, n'agissait pas ainsi. « Comme le coursier généreux qui souvent, dans la carrière olympique, a brillé le premier au terme de l'espace, repose aujourd'hui arrêté par le poids des ans. » À la vieillesse d'un coursier généreux et victorieux, Ennius compare la sienne ; vous pouvez facilement vous la rappeler. T. Flamininus et M. Acilius, nos consuls, ont été nommés vingt-et-un ans après sa mort, arrivée sous le second consulat de Philippe, qui avait Cépion pour collègue, à l'époque où, âgé de soixante-cinq ans, je soutenais la loi Voconia d'une voix assez puissante et, je crois, avec de bons poumons[11]. À l'âge de soixante-dix ans (car Ennius vécut jusque-là), il supportait de telle sorte les deux fardeaux réputés les plus lourds, à savoir, la pauvreté et la vieillesse, qu'il semblait presque y trouver des jouissances. Quand j'y réfléchis, je trouve quatre motifs de l'opinion répandue sur l'importunité de la vieillesse : le premier est qu'elle nous interdit l'action ; le second, qu'elle enlève nos forces ; le troisième, qu'elle nous sevre de presque tous les plaisirs ; le quatrième enfin, qu'elle est le prélude de la mort. Examinons, si vous le voulez, la valeur et la justesse de chacun de ces motifs.

VI. La vieillesse nous interdit l'action. Quelle sorte d'action ? Est-ce celle qui convient à la jeunesse et à la vigueur de l'âge ? Mais n'est-il pas des affaires réservées à la vieillesse, et que la prudence de l'esprit peut seule traiter même lorsque les forces défaillent ? Q. Maximus n'agissait donc pas, non plus que Paul-Émile votre père, Scipion, et beau-père en même temps de mon excellent fils ? Et tous ces vieillards, les Fabricius, les Curius, les Coruncanius[12], lorsque leur prudence et leur autorité défendaient la république, n'agissaient-ils pas ? Appius Claudius était vieux et aveugle, lorsqu'au milieu du sénat, qui inclinait vers la paix et penchait à traiter avec Pyrrhus, il eut le courage de prononcer ces belles paroles reproduites par Ennius dans ces vers : « Jusqu'où vos esprits, si droits jusqu'ici, ont-ils fléchi dans leur démence[13] ? » Et la suite de la même force ; vous savez les vers, et le discours lui-même nous est conservé. Appius le prononça dix-sept ans après son second consulat ; dix ans s'étaient écoulés entre son premier consulat et le second, et il avait été censeur avant d'être consul. Nous en pouvons conclure qu'il était fort âgé lors de la guerre de Pyrrhus ; et c'est en effet ce que nous ont appris nos pères. Soutenir que la vieillesse n'agit point est donc une vaine opinion ; autant vaudrait dire que le pilote n'agit pas en conduisant le vaisseau : en effet, tandis que les autres se hissent au mât, s'agitent sur les ponts, vident la sentine, lui, le gouvernail en main, se tient immobile à la poupe. La vieillesse ne fera pas ce que fait la jeunesse : non, mais elle fera des choses bien plus utiles et plus grandes. Ce n'est point par la force, la prestesse ou l'agilité du corps, que les grandes choses s'accomplissent, mais par le conseil, l'autorité, la sage maturité dont la vieillesse, loin d'être dépouillée, est au contraire plus abondamment pourvue. À moins toutefois que moi, qui, tour à tour soldat, tribun, lieutenant et consul, ai vu la guerre sous toutes ses formes, je ne vous paraisse inactif parce que je ne manie plus les armes. Mais j'apprends au sénat ce que doit faire la république, et de quelle manière ; je déclare la guerre depuis longtemps déjà à cette Carthage qui nourrit contre nous de dangereux projets, et je ne cesserai de la craindre que lorsque je la verrai détruite[14]. Puissent, Scipion, les Dieux immortels vous réserver la gloire d'achever l'ouvrage commencé par votre aïeul ! Voilà trente-trois ans qu'il est mort, mais son souvenir vivra dans tous les âges. Il mourut un an avant ma censure et neuf ans après mon consulat, sous lequel il fut nommé consul pour la seconde fois. Est-ce que s'il lui avait été donné de vivre cent ans, sa vieillesse lui serait à charge ? Sans doute il ne pourrait plus courir, ni sauter, ni lancer le javelot, ni manier le glaive ; mais il penserait, il prévoirait, il conseillerait ; et si ce n'était là le propre de la vieillesse, nos ancêtres n'auraient pas donné au conseil suprême de l'État le nom de sénat. À Lacédémone, ceux qui occupent la première magistrature sont nommés les Anciens, et ils le sont en effet. Si vous voulez vous informer de ce qui s'est passé chez les autres peuples, vous verrez que les États ont toujours été ruinés par les jeunes gens, sauvés ou restaurés par les vieillards. « Dites-moi : comment votre république si florissante a-t-elle péri si vite ? » Voilà ce que l'on demande, comme dans la fable du poète Névius. Entre autres réponses, on fait d'abord celle-ci : « Il se produisait des orateurs nouveaux, jeunes et insensés. » La témérité est en effet le caractère de la jeunesse, la prudence celui de la vieillesse.

VII. Mais la mémoire s'affaiblit. Je le crois, si vous ne l'exercez pas, ou si vous avez un esprit ingrat. Thémistocle savait les noms de tous ses concitoyens : croyez-vous que, dans sa vieillesse, il ait été donner à Aristide le nom de Lysimaque ? Je connais non seulement tous les Romains, mais encore leurs pères et leurs aïeux ; et je ne crains pas de perdre la mémoire, comme on dit, en lisant les inscriptions tumulaires[15] ; tout au contraire, elles me remettent les morts en mémoire. Je n'ai jamais entendu dire qu'un vieillard ait oublié où il avait enfoui son trésor. Ils se souviennent parfaitement de tout ce qui les touche, du jour fixé pour les paiements, du nom de leurs débiteurs et de leurs créanciers. Que de choses renferme la mémoire des jurisconsultes, des pontifes, des augures, des philosophes parvenus à la vieillesse ! Le vieillard conserve tout son esprit, pourvu qu'il ne renonce ni à l'exercer ni à l'enrichir[16] ; et je ne parle pas seulement d'une vieillesse des grands citoyens et des hommes d'État, mais de celle qui s'écoule dans la tranquillité de la vie privée. Sophocle, dans son extrême vieillesse, composait encore des tragédies ; on l'accusait de négliger son patrimoine pour cultiver la poésie, et ses fils l'appelèrent en justice pour le faire interdire comme fou, au nom d'une loi semblable à celle de Rome, qui ôte la gestion de leurs biens aux pères qui les dissipent. On dit que le vieillard lut aux juges son *Œdipe à Colone*, qu'il tenait à la main et qu'il avait tout récemment composé, et leur demanda ensuite si c'était là l'œuvre d'un fou[17]. Il fut renvoyé absous après cette lecture. Est-ce que la vieillesse paralysa le génie de ce grand poète ou celui d'Homère, d'Hésiode, de Simonide, de Stésichore ? Est-ce qu'elle flétrit le talent d'Isocrate et de Gorgias que je vous citais, ou de ces princes de la philosophie, Pythagore, Démocrite, Platon, Xénocrate, Zénon, Cléanthe, ou de Diogène le stoïcien[18], que vous-mêmes avez vu à Rome ? Est-ce que le mouvement de leur esprit s'arrêta avant le terme de leur vie ? Mais quoi ! Sans plus vous parler de ces études divines, je puis vous citer un grand nombre de cultivateurs romains de la Sabine, mes voisins et mes amis, qui ne souffriraient pas qu'aucun des grands travaux des champs se fît sans eux, soit les semailles, soit la récolte, soit la rentrée des grains ou des fruits. Il n'y a là sans doute rien de bien étonnant ; on n'est jamais assez vieux pour ne pas espérer vivre encore une année ; mais les vieillards dont je vous parle donnent leurs soins à des travaux dont ils savent bien que le fruit ne sera pas pour eux[19]. « Il sème des arbres dont jouira le siècle à venir », comme dit Statius dans les *Synéphèbes*. Le laboureur, si vieux qu'il soit, à qui l'on demandera : « Pour qui semez-vous donc ? », n'hésitera point à répondre : « Pour les Dieux immortels, qui n'ont pas voulu seulement que je reçusse ces biens de mes aïeux, mais encore que je les transmisse à mes descendants. »

VIII. Le mot de Cécilius sur le vieillard qui songe au siècle à venir est beaucoup plus juste que ces autres vers du même poète : « Par Jupiter, ô vieillesse, quand bien même tu n'entraînerais pas d'autres désagréments à ta suite, c'en serait un assez grand dans une vie qui se prolonge, que de voir mille événements contraires à ses vœux. » Mais ne peut-il pas y en avoir mille conformes à nos désirs ? et la jeunesse voit-elle tout succéder à sa guise ? Je n'approuve pas non plus Cécilius quand il dit : « Ce que je trouve de plus déplorable dans la vieillesse, c'est de sentir qu'à cet âge on est odieux aux jeunes gens. » Il fallait mettre agréable, au lieu d'odieux. De même que de sages vieillards chérissent les jeunes gens généreusement nés, et trouvent de grandes douceurs dans leur affection et leurs hommages ; à leur tour, les jeunes gens goûtent avec empressement les préceptes de la vieillesse, qui les guide dans le chemin de la vertu. Je ne crois pas vous être moins agréable que vous ne me l'êtes. Vous voyez donc que la vieillesse n'est point languissante et imbécile, mais qu'elle est ouvrière, agissant et entreprenant toujours ; ce qu'on a fait à la fleur de la vie, on le fait dans son vieil âge. Et mieux encore, le vieillard ne s'instruit-il pas ? Nous voyons Solon se vanter, dans ses vers, de vieillir en apprenant tous les jours quelque chose[20] ; ainsi ai-je fait, moi qui tout dernièrement ai appris les lettres grecques ; et certes je m'y suis appliqué avec tout le zèle d'un homme qui étancherait une soif ardente, avide de connaître tous ces enseignements que je vous cite maintenant comme exemples. Lorsque j'appris que Socrate s'exerçait à jouer de la lyre, j'aurais en vérité voulu l'imiter, et avec lui tous les anciens ; au moins n'ai-je rien négligé pour m'instruire dans leurs écrits.

IX. Pour en venir au deuxième chef d'accusation contre la vieillesse, je ne regrette nullement les forces de mon jeune âge, non plus qu'alors je n'ambitionnais les forces d'un éléphant ou d'un taureau.

Il faut user de ce que l'on a, et en tout agir selon ses forces. Où trouver rien de plus méprisable que ce cri de Milon de Crotone, qui, voyant dans sa vieillesse des athlètes s'exercer au milieu de la carrière, jette un regard sur ses bras et dit tout en pleurs : « Ah ! ils sont déjà morts ? » Ce ne sont pas eux, c'est toi, bateleur, qui es mort ; car ta célébrité ne vient pas de toi, mais de tes poignets et de tes reins. Un tel langage n'était pas celui de S. Élius, ni, dans des temps plus anciens, de Tib. Coruncanlus, ni tout récemment de P. Crassus[21], de ces savants juris-consultes qui nous initiaient au droit, et dont l'habile sagesse brilla jusqu'à leur dernier jour. L'orateur, je le crois bien, doit pâlir dans sa vieillesse ; car, pour parler en public, il faut non seulement de l'esprit, mais encore des poumons et de la vigueur. Quelquefois cependant la voix garde, je ne sais comment, tout son éclat dans la vieillesse ; la mienne ne l'a nullement perdu, et vous connaissez mon âge ; mais un ton calme et doux est bienséant aux vieillards, et leur éloquence, tout empreinte de modération et de suavité, s'ouvre facilement les esprits. S'il ne vous est plus permis de vous faire entendre d'une assemblée entière, vous pouvez du moins instruire Scipion et Lélius. Quoi de plus touchant qu'un vieillard entouré de jeunes et fervents élèves ? N'accorderons-nous pas au moins à la vieillesse les forces suffisantes pour enseigner, instruire, former au bien la jeunesse ? Et connaissez-vous au monde quelque office supérieur à celui-là ? Cn. et P. Scipion, et vos deux aïeux, L. Émilius et P. l'Africain, me semblaient trouver un véritable bonheur dans l'empressement des jeunes patriciens auprès d'eux. Quelles que soient la faiblesse et la langueur d'un homme qui donne des leçons de sagesse et de vertu, je le tiendrai toujours pour fortuné. Cette langueur elle-même est bien plus souvent l'œuvre de la jeunesse que de la vieillesse ; une jeunesse intempérante et corrompue livre au vieil âge un corps énervé. Nous lisons dans Xénophon un discours où Cyrus, mourant à un âge tout à fait avancé, déclare que jamais il n'a senti qu'il eût moins de vigueur dans sa vieillesse que dans sa jeunesse[22]. Je me souviens d'avoir connu tout enfant L. Métellus, qui, nommé grand pontife quatre ans après son deuxième consulat, fut pendant vingt-deux ans à la tête du sacré collège, et de lui avoir vu dans les derniers jours assez de forces pour qu'il ne regrettât point son jeune temps. Je pourrais parler de moi-même, mais à quoi bon ? Quoiqu'il me soit bien permis, je pense, d'user de ce privilège de mon âge.

X. Vous voyez comme, dans Homère, Nestor fait souvent l'éloge de ses propres vertus. Il avait déjà vécu plus de deux âges d'homme, et ne craignait point, en se donnant de justes éloges[23], de passer pour un arrogant ou un bavard. En effet, comme le dit Homère, « de ses lèvres coulaient des paroles plus douces que le miel[24] ». Pour cette suavité les forces du corps ne lui eussent été d'aucune aide, et cependant le chef des Grecs ne souhaite pas d'avoir dix compagnons comme Ajax, mais bien comme Nestor ; il ne doute pas que, s'il les avait, Troie ne pérît bientôt. Mais je reviens à moi : j'ai quatre-vingt-quatre ans ; je voudrais pouvoir faire de mes forces le même éloge que Cyrus des siennes ; mais s'il est vrai que j'avais plus de vigueur, soldat ou questeur en Afrique, consul en Espagne, ou quatre ans après tribun militaire au combat des Thermopyles[25], sous le consulat d'A. Glabrion, cependant, comme vous le voyez, la vieillesse ne m'a pas complètement énervé ni abattu ; je ne fais défaut ni au sénat, ni au Forum, ni à mes amis, ni à mes clients, ni à mes hôtes. Je n'ai jamais donné les mains à ce vieux et célèbre proverbe qui nous engage à vivre de bonne heure en vieillards, si nous voulons être vieux longtemps. Pour moi, j'aimerais mieux être vieux moins longtemps que de l'être avant le temps. Aussi tous ceux qui ont eu affaire à moi m'ont-ils toujours trouvé prêt et dispos. Mais j'ai moins de forces que l'un ou l'autre de vous. Et vous, avez-vous la force du centurion T. Pontius ? Et valez-vous pour cela moins que lui ? Modérons nos forces ; que chacun n'entreprenne que ce dont il est capable ; et personne ne regrettera beaucoup la vigueur qu'il n'a pas. On dit qu'aux jeux olympiques Milon parcourut le stade[26] en portant sur ses épaules un bœuf vivant : aimeriez-vous donc mieux avoir cette vigueur corporelle que la force d'esprit de Pythagore ? Enfin la sagesse dit qu'il faut user de ses forces quand on les a, et ne point les regretter quand on ne les a plus, à moins qu'il ne soit raisonnable au jeune homme de regretter l'enfance, et à l'homme mûr de pleurer la perte de la jeunesse. Le cours de notre vie est réglé ; elle suit invariablement une route naturelle et partout la même. Chaque saison de la vie a son caractère particulier ; la nature a donné la faiblesse à l'enfance, la fierté aux jeunes gens, la gravité à l'âge viril, la maturité à la vieillesse ; chaque époque nous offre des fruits à cueillir, et qui ne viennent qu'en leur temps. Vous savez sans doute, Scipion, ce que l'hôte de votre famille, Massinissa, fait encore tous les jours, malgré ses quatre-vingt-dix ans : lorsqu'il commence une route à pied, il la termine sans monter un seul moment à cheval ; lorsqu'il part à cheval, il ne met jamais pied à terre ; quelque temps qu'il fasse, pluie ou bise, il va toujours tête découverte ;

il a le corps le plus dispos du monde ; aussi remplit-il avec une exactitude scrupuleuse tous les devoirs de la royauté. L'exercice et la tempérance peuvent donc conserver au vieillard quelque chose de la vigueur du jeune homme.

XI. La vieillesse n'a plus de forces ? — Mais on ne lui demande pas d'en avoir. Ni les lois ni les mœurs n'imposent à notre âge des fonctions qui ne puissent s'accomplir sans vigueur corporelle ; bien loin d'exiger de nous l'impossible, on ne nous demande pas même tout ce que nous pouvons. Mais il y a une foule de vieillards tellement impuissants qu'ils ne pourraient vaquer à aucun emploi, et qui ne sont, dans toute la force du terme, propres à rien. — Cette impuissance n'est pas particulière à la vieillesse, elle est partout attachée à la mauvaise santé. Les forces n'ont-elles pas toujours manqué au fils de P. l'Africain, qui devint votre père adoptif ? N'avait-il pas une santé continuellement chancelante ? Ou, pour mieux dire, il n'avait point de santé. Sans cette dure infirmité, il eût été comme son père la gloire de Rome ; car il joignait à la grandeur d'âme paternelle un esprit plus cultivé. Qu'y a-t-il donc d'étonnant à ce que les vieillards soient quelquefois arrêtés par leur santé débile, quand on voit les jeunes gens eux-mêmes subir cette dure nécessité ? Il faut lutter contre la vieillesse, Lélius et

Scipion ; il faut disputer le terrain à la décrépitude et combattre l'envahissement de ce mal, comme on combat toute autre maladie. Nous devons, nous autres vieillards, donner des soins à notre santé, faire quelques exercices modérés, manger et boire avec discrétion, réparer nos forces, mais non les étouffer. Et ce n'est pas à la santé du corps que nous devons veiller seulement, mais aussi et surtout à celle de l'esprit et de l'âme ; car il en est de la vie de l'esprit comme de la flamme d'une lampe : il faut l'entretenir et y verser de l'huile, autrement à la longue elle s'éteint. L'exercice finit par appesantir le corps, mais il donne toujours plus de ressort à l'esprit. Et quand Cécilius nous parle de *ces imbéciles vieillards de comédie*[27], il faut entendre les vieillards crédules, radoteurs, dont le cerveau déloge ; et certes ce ne sont pas là les défauts de la vieillesse, mais ceux des vieilles gens qui tombent dans l'inertie, la caducité, et une sorte de léthargie morale. L'effronterie et le libertinage se rencontrent plutôt dans le jeune âge que dans la vieillesse, et cependant on ne peut les reprocher à tous les jeunes gens, mais seulement à ceux dont la nature est gâtée ; en même façon cette imbécillité de la vieillesse, qu'on appelle vulgairement seconde enfance, ne se voit pas dans tous les vieillards, mais dans ceux qui ont naturellement un pauvre esprit.

Appius avait quatre fils grands garçons, cinq filles, une légion d'esclaves, des clients[28] sans nombre, et il gouvernait ce monde, tout vieux et aveugle qu'il était ; car il tenait toujours son esprit tendu comme un arc, et ne fléchissait pas sous le fardeau de la vieillesse. Il avait su conserver non pas seulement de la considération, mais un véritable empire sur les siens ; ses esclaves le craignaient, ses enfants le vénéraient, tous le chérissaient ; et dans sa maison la discipline ancienne et les traditions de ses pères avaient conservé toute leur vigueur. Un vieillard est toujours honoré quand il sait faire compter avec lui, quand il maintient ses droits, ne se rend l'esclave de personne, et conserve jusqu'à son dernier souffle toute son autorité sur les siens. Comme j'aime le jeune homme qui a quelque chose du vieillard, j'aime le vieillard qui a quelque chose du jeune homme ; en lui le corps peut être vieux, mais l'esprit ne l'est jamais. Je travaille au septième livre de mes *Origines*, je recueille tous les monuments de l'antiquité, je rédige avec une ardeur toute nouvelle les plaidoyers que j'ai prononcés dans une foule de causes célèbres, j'écris sur le droit des augures, des pontifes, et sur le droit civil ; je cultive beaucoup les lettres grecques, et, suivant l'usage des Pythagoriciens, pour exercer ma mémoire, je passe en revue chaque soir tout ce que j'ai dit, entendu et fait pendant le jour. Voilà mes travaux, voilà la carrière où s'exerce mon esprit ; je la trouve assez sérieuse, et j'y déploie assez d'énergie pour ne pas regretter beaucoup l'ancienne vigueur de mon corps. Je suis toujours l'homme de mes amis ; je vais souvent au sénat, j'y ouvre encore plus d'un avis longtemps et profondément médité, et je sais le défendre non pas avec les forces de mon corps, mais avec celles de mon esprit. Si je ne pouvais ainsi m'employer activement, je me consolerais sur mon lit en faisant courir ma pensée, puisque je n'aurais plus qu'elle à mettre en œuvre ; mais je dois à ma vie passée le bonheur de n'en être pas réduit là. Quand on vit au milieu de ces études libérales et de ces grands travaux, la vieillesse arrive sans qu'on s'en aperçoive. L'âge décline insensiblement, on se trouve au terme de sa carrière sans qu'on y pense ; la vie ne nous est point brusquement retirée, mais peu à peu elle se consume et s'éteint d'elle-même.

XII. Vient maintenant le troisième reproche adressé à la vieillesse ; elle est, dit-on, sevrée de tout plaisir. Mais c'est un admirable privilège de notre âge, que de retrancher ce qu'il y a de plus vicieux dans la jeunesse ! Écoutez, mes jeunes amis, ce que disait Archytas de Tarente, un si grand homme et si justement célèbre ; voici ses propres paroles, telles qu'elles me furent rapportées à Tarente même, lorsque j'y accompagnai Q. Maximus, dans mon jeune temps : « Il n'est pas dans toute la nature, disait Archytas, de peste plus dangereuse que les voluptés du corps ; ce sont elles qui allument les passions, déchirent et bouleversent l'homme. C'est pour elles que l'on trahit son pays, qu'on ruine les États, qu'on entretient de secrètes intelligences avec les ennemis ; il n'est point de crime, point de forfait où n'entraîne la séduction des voluptés. Le viol, l'adultère, et toutes ces abominations dont rougit la nature humaine, qui les fait commettre, si ce n'est l'ascendant des voluptés ? Le plus beau présent que la nature ou la divinité elle-même ait fait à l'homme, c'est la raison ; et cette divine raison n'a pas d'ennemi plus redoutable que la volupté. Quand les passions règnent sur l'âme, la tempérance en est bannie, et toutes les vertus avec elle. » Pour rendre cette vérité plus sensible, Archytas ajoutait : « Imaginez un homme plongé dans la volupté la plus vive qu'il soit donné à notre nature de sentir, et dites-moi, qui que vous soyez, s'il n'est pas démontré pour vous qu'un tel homme, dans cet excès de jouissance, est absolument incapable de penser, de juger, d'entendre ? Il n'y a donc rien de plus dangereux et de plus détestable que la volupté, puisque, toutes les fois qu'elle est vive et qu'elle dure, elle éteint toute lumière dans l'esprit. » C'était là le discours que tenait Archytas à C. Pontius le Samnite, le père de celui qui battit les consuls Sp. Postumius et T. Véturius, à la journée des Fourches-Caudines ; la mémoire en avait été conservée à Tarente, et Néarque, notre hôte, qui était demeuré fidèle au peuple romain, nous en parlait comme d'une tradition constante. Il nous disait aussi que ce discours avait été prononcé en présence de Platon l'Athénien, qui, selon mes calculs, est venu à Tarente sous le consulat de L. Camille et d'Appius Claudius[29]. Mais à quoi bon cette digression ? Pour vous faire entendre que si l'homme ne pouvait, par la raison et la sagesse, en venir à dédaigner les voluptés, il faudrait rendre grâces à la vieillesse, qui nous tirerait seule de cette honteuse sujétion ; car la volupté trouble le sens, est l'ennemie déclarée de la raison, offusque, pour ainsi dire, les yeux de l'esprit, et ne peut souffrir la société de la vertu. Je ne me suis décidé que bien malgré moi à exclure du nombre des sénateurs, sept ans après son consulat, L. Flamininus, frère d'un très vaillant homme, T. Flamininus[30] ; mais sa coupable faiblesse devait être flétrie. Lorsqu'il était consul et occupé dans la Gaule, il se rendit, au milieu d'un festin, à la prière d'une courtisane qui voulait voir frapper de la hache devant elle un des condamnés à mort. Flamininus échappa à la vindicte publique pendant que Titus, son frère et mon prédécesseur, exerçait la censure. Mais Flaccus et moi ne pûmes laisser impunie une si odieuse condescendance, arrachée à une passion infâme, et dont l'opprobre rejaillissait sur la dignité consulaire et sur Rome elle-même.

XIII. J'ai souvent entendu dire à mes ancêtres, qui le tenaient eux-mêmes de leurs pères, que C. Fabricius étant en ambassade près du roi Pyrrhus, avait appris avec grand étonnement, du Thessalien Cinéas que l'on voyait à Athènes un homme faisant profession de sagesse, et qui enseignait que toutes les actions humaines doivent avoir pour but la volupté. À cette nouvelle, rapportée par Fabricius, M. Curius et T. Coruncanius se mirent à souhaiter que le philosophe d'Athènes pût avoir pour disciples les Samnites et Pyrrhus lui-même, car rien n'eût été plus facile que de vaincre des gens abandonnés à la volupté. Cinq ans avant le consulat de M. Curius, P. Décius, avec qui il avait longtemps vécu et qui était alors consul pour la quatrième fois, s'était dévoué pour la république. Fabricius aussi avait connu Décius. Coruncanius l'avait connu ; et ils jugeaient tous, soit en se rappelant leur vie entière, soit en songeant à l'héroïsme de Décius, qu'il y a dans le monde quelque chose de noble et d'admirable qui est recherché pour sa propre beauté, et que tous les grands cœurs poursuivent, au mépris des jouissances du corps. Pourquoi parler si longtemps de la volupté ? Pour montrer que ce n'est pas décrier la vieillesse, mais en faire l'éloge, que de dire qu'elle a peu de goût et d'inclination pour les plaisirs. — Mais un vieillard ne peut faire honneur à une belle table, et les fréquentes libations lui sont interdites. — C'est dire qu'il ne connaît ni l'ivresse, ni les indigestions, ni les insomnies. Mais s'il est vrai qu'il faille donner quelque chose à l'agrément et qu'on ne puisse résister tout à fait aux charmes du plaisir, que Platon nomme l'appât du mal, parce que les hommes s'y laissent prendre comme les poissons à l'amorce, avouons que les vieillards, tout privés qu'ils sont des grands festins, peuvent encore trouver quelque jouissance dans leurs modestes repas. J'ai vu souvent dans mon enfance le vieux C. Duilius, celui qui vainquit le premier les Carthaginois sur mer, revenir de souper, avec un cortège de joueurs de flûte et précédé d'un grand nombre de flambeaux ; c'était une pompe inouïe pour un particulier, mais sa gloire lui donnait tous les privilèges. Je parie des autres et je n'en ai pas besoin, je suis ici assez riche de mon fonds ; d'abord, j'ai toujours eu des compagnons de table. Cet usage s'introduisit à Rome sous ma questure, à l'époque même où l'on établit le culte de Cybèle[31]. Je réunissais donc une compagnie à ma table, qui était toujours fort modeste, mais où le feu de la jeunesse pétillait souvent. Avec l'âge, tout se tempère. Ce qui faisait l'agrément de mes repas, ce n'était pas tant la saveur des mets que la société et la conversation de mes amis. Nos ancêtres ont fort bien nommé convives des amis qui se réunissent à une même table, car alors on se rassemble et la vie coule en commun ; je n'adresserai pas le même éloge aux Grecs, qui, au lieu de les appeler les convives, disent tantôt les buveurs, tantôt les mangeurs réunis ; parler ainsi c'est donner, en apparence du moins, la première importance à ce que l'on doit reléguer sur le dernier plan.

XIV. Le plaisir que j'éprouve à converser me fait aimer les festins qui se prolongent, non seulement dans la société des hommes de mon âge, qui sont maintenant bien clairsemés, mais dans la compagnie des jeunes gens, et surtout avec vous ; et j'ai vraiment une grande obligation à la vieillesse, qui m'a rendu fort avide d'écouter et de parler, et très peu de servir mon palais ou mon estomac. Mais si l'on veut à toute force qu'il soit ici question des plaisirs de table, comme je ne prétends pas déclarer une guerre d'extermination à la volupté, qui a peut-être quelquefois la nature de son parti, je dirai volontiers que je ne vois pas comment la vieillesse nous ôterait le sens des plaisirs de cette espèce. D'abord je suis très partisan des royautés de table, établies par nos ancêtres, et du discours prononcé le verre en main, et selon l'usage du vieux temps, par le roi du festin. J'aime ces petites coupes dont il est parlé dans le *Banquet* de Xénophon, qui distillent la liqueur goutte à goutte ; j'aime à prendre mon repas au frais pendant l'été, et en hiver aux rayons du soleil ou devant un bon foyer. Je ne me fais faute d'aucune de ces jouissances dans mes terres de la Sabine : tous les jours j'appelle mes voisins à ma table, aucune place n'est vide, et de propos en propos nous prolongeons le festin et le plaisir jusque fort avant dans la nuit[32]. — Mais les voluptés ne chatouillent pas un vieillard comme un jeune homme. — Je le crois volontiers, et je vous assure qu'un vieillard n'a pas grande envie d'être ainsi chatouillé. Quand on est privé de ce dont on n'a pas envie, véritablement la privation n'est pas fort douloureuse. On demandait à Sophocle, que la vieillesse avait atteint déjà, s'il usait encore des plaisirs de l'amour ; il fit cette belle réponse : « Que les Dieux m'en préservent ! Je m'en suis affranchi de bon cœur, comme d'un maître furieux et sauvage. » Ceux qui sont sous le joug de cette passion s'estiment sans doute fort malheureux de ne pouvoir la satisfaire ; pour ceux qui ont goûté les plaisirs et en sont rassasiés, la privation est plus agréable que la jouissance : quand je dis privation, c'est absence de désir qu'il faut entendre, car on n'est point privé de ce qu'on ne désire pas. Que si, dans la fleur de l'âge, l'on goûte plus volontiers ces sortes de plaisirs, d'abord, comme je l'ai déjà dit, on prend là des jouissances qui ne sont pas très relevées ; ensuite on boit à une coupe qui, pour être moins pleine dans la vieillesse, n'est pas, il s'en faut, entièrement épuisée. Quand Ambivius Turpio[33] est sur la scène, ceux qui sont placés au premier rang jouissent mieux de son jeu, mais ceux qui sont au dernier en jouissent encore : tout pareillement la jeunesse qui voit les voluptés de près y trouve sans doute plus d'agrément, mais la vieillesse, qui les regarde d'un peu loin, sait encore les goûter d'une manière suffisante. N'est-ce pas un grand bonheur que d'avoir en quelque sorte fait son temps au service de l'amour, de l'ambition, de la rivalité, de l'inimitié, de toutes les passions, et de pouvoir être à soi, et de vivre, comme on dit, avec soi-même ? Si l'on joint à ce privilège le goût de l'étude et la science qui nourrit l'esprit, il n'est rien de plus délicieux que les loisirs du vieillard. Nous avons vu mourir, les instruments à la main, un ami de votre père, Scipion, ce Gallus qui mesurait avec tant d'ardeur la terre et le ciel[34]. Combien de fois la lumière ne le surprit-elle pas au milieu de ses observations astronomiques ? Combien de fois, livré au travail dès le point du jour, n'y fut-il pas arraché par l'arrivée inattendue de la nuit ? Quel bonheur n'éprouvait-il pas à nous prédire longtemps à l'avance les éclipses de soleil et de lune ? Et, sans s'élever jusqu'à ces graves études, ne trouve-t-on pas du charme dans les mille travaux des lettres ? Combien Névius ne se complaisait-il pas dans son poème de la *Guerre Punique*, et Plaute dans son *Truculentus* et son *Pseudolus* ? J'ai vu aussi dans sa vieillesse notre Livius ; il avait fait représenter une pièce six ans avant ma naissance, sous les consuls Centon et Tuditanus, et il vécut jusqu'au temps de ma jeunesse. Faut-il parler du zèle de P. Licinius Crassus pour l'étude du droit pontifical et civil, ou des recherches infatigables de P. Scipion[35], que l'on a tout récemment nommé grand pontife ? Tous ceux que je viens de citer ont porté jusque dans la vieillesse l'ardeur de leurs goûts et de leurs travaux. Et ce M. Céthégus, qu'Ennius a si bien nommé un foyer vivant de persuasion, tout vieux qu'il était, ne s'exerçait-il pas devant nous avec un feu extraordinaire dans l'art de la parole ? Pensez-vous que la table, le jeu et les courtisanes nous offrent des plaisirs comparables à ceux-là ? Telles sont les jouissances de l'étude ;

pour les sages et pour les esprits bien cultivés, elles croissent avec l'âge : rappelez-vous ce beau vers de Solon que je vous citais il n'y a qu'un instant, et où il nous dit qu'il vieillit en s'instruisant tous les jours. Pour moi, je ne vois rien au-dessus des plaisirs de l'esprit.

XV. Je viens maintenant aux jouissances de l'agriculture, auxquelles je trouve un prix incroyable, que l'on peut goûter jusque dans l'extrême vieillesse, et qui me paraissent s'accorder parfaitement avec la vie du sage. Nous devons ces jouissances à la terre, qui, toujours soumise à notre légitime empire, rend avec usure ce qu'on lui confie, tantôt plus retenue, tantôt prodigue de ses dons. Et ce n'est pas seulement à recueillir les fruits de la terre que je trouve mes délices, mais à étudier son travail et les merveilles qu'elle produit. D'abord elle reçoit dans son sein amolli, et ouvert par le soc, les grains que la main du laboureur y répand ; la herse passe sur les sillons et recouvre les semences, qui, bientôt réchauffées et tiédies par la douce moiteur du sol, se fendent et poussent au dehors une jeune tige verdoyante ; peu à peu les racines se développent, l'herbe grandit, un tuyau noueux s'élève, et la plante, dont la formation s'achève mystérieusement, demeure enveloppée dans sa gaine flexible ; enfin elle en sort, s'élance, et présente à la lumière ses fruits artistement disposés en épi, et que leurs barbes protègent contre les attaques des petits oiseaux. La culture de la vigne, sa naissance, ses progrès, n'offrent pas moins de merveilles. Je ne puis me lasser de les contempler ; et il faut bien que je vous initie à toutes les jouissances et aux délicieux loisirs de ma vieillesse. Je ne dirai rien de la force productive de la terre, qui d'une si petite graine de figuier, d'un pépin de raisin, ou de la semence à peine visible de tant d'autres arbustes, fait sortir des troncs si puissants et des rameaux si étendus. Mais les marcottes, les plants, les sarments, les racines vivaces, les boutures ne méritent-ils pas d'être étudiés, suivis avec le plus grand intérêt, et, pour tout dire, admirés ? Vous voyez la vigne, si faible de sa nature et qui rampe à terre quand elle ne trouve point d'appui, saisir par ses vrilles, comme par des mains tenaces, tout ce qu'elle rencontre, et s'y attacher pour s'élever ; elle court, se replie, et pousse à l'aventure ses jets que le fer de l'agriculteur émonde prudemment, pour qu'elle ne se perde pas en une forêt stérile. Au retour du printemps, on voit, sur les sarments que la faucille n'a point retranchés, poindre à l'articulation des rameaux le bourgeon qui bientôt devient la grappe. Celle-ci, nourrie par les sucs de la terre, fécondée par la chaleur du soleil, est d'abord âpre au goût ;

mais elle s'adoucit en mûrissant, et, sous le pampre qui la recouvre, elle conserve une tiède chaleur et se défend contre les ardeurs de l'été. Est-il rien de plus divin que le fruit de la vigne, rien de plus beau que ces grappes dorées ? Et ce n'est pas seulement sa liqueur qui me plaît ; mais j'aime, comme je vous l'ai dit, à la cultiver, à la suivre dans son travail ; j'aime à disposer les longues files de supports, à lier les sarments, à recueillir et propager les boutures, à émonder les ceps trop chargés, à retrancher ou replanter les rameaux. Que dirai-je encore des irrigations habilement pratiquées, des seconds labours qui remuent si profondément les terres et les rendent plus fertiles ? Parlerai-je de l'utilité des engrais ? Mais j'ai dit tout ce qu'il en fallait dans mes livres sur l'agriculture. Le docte Hésiode ne leur a pas consacré une seule ligne dans son poème sur la culture des champs ; mais Homère, qui vivait, à ce que je pense, plusieurs siècles avant lui, nous représente Laërte, pour adoucir le regret de l'absence de son fils, cultivant lui-même et fumant ses terres. Et ce ne sont pas seulement les moissons, les prés, les vignes, les arbustes qui font l'agrément des campagnes, il faut y joindre les jardins, les vergers, les troupeaux, les abeilles, et l'infinie variété des fleurs. Nous n'avons pas d'ailleurs le seul agrément des plantations, mais encore la ressource des greffes, ce chef-d'œuvre de l'agriculture.

XVI. Je pourrais vous détailler sans fin toutes les jouissances de la vie des champs; mais je m'aperçois que déjà j'ai été trop long. Vous me le pardonnerez, car je me suis laissé entraîner par mon goût pour les travaux de la campagne; d'ailleurs la vieillesse aime à parler, elle en a le renom, et je ne voudrais pas faire croire qu'on la calomnie en tout. M. Curius, après avoir triomphé des Samnites, des Sabins, de Pyrrhus, passa le reste de ses jours à cultiver les champs. Sa maison de la Sabine n'est pas loin de chez moi; je la vois souvent, et je ne puis me lasser d'admirer le désintéressement de ce grand homme et les mœurs de son siècle. Curius étant assis près de son foyer, les Samnites lui vinrent offrir de l'or à pleines mains; il les renvoya en leur disant : « Ce qui me paraît digne d'envie ce n'est pas d'avoir de l'or, mais de commander à ceux qui en ont. » Avec une si grande âme, la vieillesse pouvait-elle être un fardeau ? Mais je reviens aux agriculteurs, pour ne pas aller prendre mes exemples trop loin de moi. Les sénateurs, c'est-à-dire les vieillards, vivaient alors à la campagne. L. Quinctius Cincinnatus conduisait la charrue, quand on lui annonça que le peuple l'avait nommé dictateur; et, c'est par l'ordre de ce dictateur que C. Servilius Ahala, maître de la cavalerie, surprit et mit à mort Sp. Mélius, qui aspirait à la royauté. C'est de leurs campagnes que l'on appelait au sénat Curius et les autres sénateurs ; ce qui explique le nom de voyageurs que l'on donnait à ceux qui allaient les convoquer. Croyez-vous donc que ces anciens Romains qui s'amusaient à cultiver leurs champs aient eu une vieillesse misérable ? Pour moi, je ne pourrais en imaginer une plus heureuse, non seulement parce que l'on remplit un devoir en vaquant aux travaux de l'agriculture, qui est pour tout le genre humain une source de bienfaits, mais parce que, grâce à ces labeurs, on goûte des jouissances nombreuses, et l'on se trouve dans l'abondance de toutes les choses nécessaires à la vie des hommes et au culte des Dieux : à ce compte, puisque la volupté a des partisans déclarés, je ne demande pas mieux que de faire ma paix avec elle. Un maître de maison vigilant et économe a toujours ses celliers remplis de vin et d'huile, ses offices bien garnis, une abondance de toutes sortes de provisions dans sa campagne ; il a des porcs, des chevreaux, des agneaux, des poules, du lait, du fromage, du miel. Le jardin est pour les habitants de la campagne un second office, comme ils le nomment eux-mêmes ; et, dans les moments de loisir, la chasse vient apporter les dernières pièces à ce service digne des rois. Que dire de la verdure des prairies, des longues allées d'arbres, de la beauté des vignes et des oliviers ? En deux mots, il n'y a rien de plus riche et de plus magnifique au monde qu'une campagne bien cultivée ; et, loin que la vieillesse nous empêche d'en jouir, elle nous appelle aux champs et nous en montre tout l'attrait. N'est-ce pas là que les vieillards peuvent le mieux se réchauffer aux rayons du soleil, à la flamme du foyer, ou se rafraîchir à l'ombre des grands arbres et sur le bord des eaux ? Que la jeunesse garde pour elle les armes, les chevaux, les javelots, le bâton et la paume, la nage et la course ; qu'elle nous laisse de tant de jeux différents les osselets et les dés ; et encore qu'elle ne se contraigne pas, car la vieillesse peut s'en passer et être heureuse.

XVII. Les livres de Xénophon sont pleins d'enseignements utiles ; vous les connaissez déjà, relisez-les sans cesse, et méditez-les. Avez-vous vu quel grand éloge il fait de l'agriculture dans son livre sur le gouvernement des maisons, intitulé *l'Économique* ? Pour bien nous faire entendre que rien ne lui paraît aussi royal que la culture des champs, Xénophon met dans la bouche de Socrate, qui s'entretient avec Critobule[36], le récit suivant : « Cyrus le jeune, roi de Perse, qui réunissait à l'excellence de l'esprit la gloire des armes, reçut à

Sardes le Lacédémonien Lysandre, homme d'un rare mérite, qui lui apportait des présents de la part de ses alliés. Cyrus fit à son hôte les honneurs de son palais avec une grâce parfaite, et lui montra un parc planté avec beaucoup d'art. Lysandre admira la beauté des arbres, la symétrie des allées, disposées en quinconce, la régularité, la finesse et le moelleux du terrain, le choix des fleurs, l'harmonie et la suavité de leurs parfums ; il dit à Cyrus qu'il était ravi non seulement du soin qu'il voyait briller partout, mais encore du génie qui se montrait dans la conception et le plan de ce délicieux jardin. — Eh bien, répondit Cyrus, c'est moi qui ai tout inventé ; c'est moi qui ai tracé le plan, dessiné les allées, et un grand nombre de ces arbres ont été plantés de ma main. » Lysandre alors, reportant ses regards sur les vêtements magnifiques, sur la pourpre, l'or et les pierreries qui relevaient la beauté naturelle de Cyrus : « C'est à juste titre, lui dit-il, qu'on vous croit heureux, puisque vous réunissez à un tel degré la fortune et la vertu. »

C'est là une fortune dont la vieillesse peut certainement jouir, et jamais l'âge ne nous empêchera de nous livrer à nos travaux favoris, et surtout de cultiver les champs jusqu'au dernier de nos jours. Nous savons que M. Valérius Corvus vécut jusqu'à cent ans, et que la dernière partie de sa vie se passa à la campagne et dans les travaux de l'agriculture. Quarante-six ans s'étaient écoulés entre son premier et son sixième consulat ; ainsi la carrière des honneurs fut aussi longue pour lui que l'était, suivant nos ancêtres, la vie entière de l'homme jusqu'aux abords de la vieillesse ; et son âge lui donna ce privilège, qu'avec moins de travaux il eut plus d'autorité. L'autorité est la couronne de la vieillesse. Vous savez quelle était l'extrême considération d'un Métellus, d'un Atilius Calatinus. C'est ce dernier qui mérita cet éloge unique : « Les nations s'accordent à le proclamer le premier citoyen de Rome[37]. » Vous connaissez cette inscription, elle est gravée sur son monument. C'était certes un homme d'une grande autorité, que celui dont tous les peuples faisaient un tel éloge. Que dirons-nous de P. Crassus, le grand pontife ; de M. Lépidus, qui fut revêtu du même sacerdoce ? Quels hommes ! quelle dignité ! Et Paul-Émile, et l'Africain, et Maximus que je vous ai déjà cité, avaient-ils besoin de parler pour donner la loi dans Rome ? Un geste ne leur suffisait-il pas ? Un vieillard, surtout quand il a passé par les honneurs, a tant d'autorité, que tous les plaisirs de la jeunesse sont peu de chose en comparaison.

XVIII. Mais souvenez-vous que la vieillesse dont je fais ici l'éloge est celle qui est préparée par les vertus de la jeunesse. C'est ainsi que j'ai pu dire autrefois, aux grands applaudissements de tous ceux qui m'entendaient, qu'un vieillard est bien misérable quand il se croit réduit à se défendre par des paroles. Ni les cheveux blancs ni les rides ne donnent tout à coup de la considération à un homme : c'est une vie entière honorablement écoulée qui peut seule recueillir sur son déclin ce doux fruit de la vénération publique. Ce sont des marques de déférence fort précieuses pour nous, quoique bien légères aux yeux du monde, que de nous saluer, de venir au-devant de nous, de nous céder la place, de se lever en notre présence, de nous accompagner, de nous reconduire, de nous consulter ; tous ces respects sont rendus très religieusement aux vieillards dans notre république, et chez tous les peuples où les mœurs sont bien réglées. Lysandre, dont je parlais tout à l'heure, disait souvent que Lacédémone était le séjour le plus honorable pour la vieillesse ; nulle part en effet on ne témoigne plus de respect à cet âge, nulle part la vieillesse n'est en plus grande vénération. On rapporte qu'à Athènes, pendant les jeux publics un vieillard vint au théâtre, que la foule avait déjà rempli, et ne put trouver aucune place parmi ses concitoyens ; mais que s'étant approché des députés lacédémoniens qui siégeaient en cette qualité sur des gradins à part, tous se levèrent et lui firent place. L'assemblée tout entière battit des mains. « Il paraît, dit alors l'un des envoyés, que les Athéniens savent ce qu'il faut faire, mais qu'ils n'en font pas davantage. » On trouve consacrés dans notre collège beaucoup d'usages excellents ; mais le plus remarquable et qui a trait à notre sujet, c'est que les plus âgés y donnent leur opinion les premiers ; et ce n'est pas seulement sur ceux qui ont de plus grandes dignités que l'âge donne la préséance aux augures, mais sur ceux mêmes qui sont revêtus du pouvoir. Quelles sont donc les voluptés du corps que l'on puisse comparer à ces prérogatives de la vieillesse ? Ceux qui en ont joui avec éclat me semblent avoir mené jusqu'au bout avec le plus grand succès la pièce de la vie, et n'avoir pas fait comme les mauvais acteurs une chute honteuse au dernier acte. Mais les vieillards sont moroses, chagrins, colères, difficiles[38]. Cherchez encore, vous trouverez qu'ils sont avares. — Ne voyez-vous pas que ce sont là les défauts du caractère et non de la vieillesse ? Encore ces défauts peuvent-ils sinon se justifier, du moins s'expliquer. Ceux à qui on les reproche se croient méprisés, dédaignés, joués ; ajoutez que, dans un corps débile, la moindre offense est pleine d'amertume. Mais la vertu et l'étude adoucissent singulièrement toutes ces incommodités ; l'expérience de chaque jour nous le prouve assez, et le théâtre nous en donne un exemple frappant dans ces deux frères des Adelphes. Quelle rudesse dans l'un, quelle amabilité dans l'autre ! Ainsi va le monde ; il en est des caractères comme des vins, qui ne s'aigrissent pas tous en vieillissant. J'aime la sévérité dans la vieillesse, mais je la veux tempérée ; l'excès ne me plaît nulle part : pour l'aigreur, je ne la puis souffrir. Quant à l'avarice des vieillards, j'avoue que je ne la comprends pas. Y a-t-il rien de plus absurde que d'augmenter les provisions de route à mesure que l'on avance vers le terme du voyage ?

XIX. Reste enfin le quatrième sujet de tourments et d'angoisses pour notre âge, et le plus cruel de tous, à ce que l'on croit ; je veux dire l'approche de la mort, qui, de fait, ne peut être fort éloignée de nous. Malheureux cent fois le vieillard qui, pendant sa longue carrière, n'a pas appris à mépriser la mort ! La vérité est, ou qu'elle nous doit être indifférente, si elle éteint notre âme ; ou que nous devons la souhaiter, si elle nous conduit dans une région où notre esprit vivra éternellement. L'un ou l'autre est certain. Qu'ai-je donc à craindre, si je dois trouver après la mort le repos des souffrances ou la félicité ? Est-il un homme assez insensé, même dans la fleur de l'âge, pour se croire sûr de vivre tout un jour ? Et ne voyons-nous pas la jeunesse courir bien plus souvent que nous le péril de la mort ? Elle est exposée à plus de maladies, elle les éprouve beaucoup plus violentes, elle se remet plus difficilement. Bien peu arrivent jusqu'à la vieillesse ; et si l'on comptait plus de vieillards, il y aurait dans le monde plus de sagesse et de prudence. Car c'est à notre âge qu'appartiennent la raison, la prévoyance, le bon conseil ; sans les vieillards, il n'y aurait jamais eu ni sociétés ni politique. Mais je reviens à l'imminence de la mort. Pourquoi en faire un crime à la vieillesse, quand vous voyez le jeune âge perpétuellement sous ses coups ? J'ai bien reconnu, Scipion, à la perte de mon excellent fils et à celle de vos frères[39], destinés aux premiers honneurs de la république, que la mort ne fait point de distinction d'âge. — Mais au moins le jeune homme peut-il espérer vivre longtemps encore, tandis que cet espoir n'est plus permis au vieillard. — C'est là une espérance folle ; car il n'est rien de plus insensé que de tenir l'incertain pour le certain, et de prendre l'erreur pour la vérité. — Le vieillard n'a plus rien à espérer ! — C'est ce qui rend sa condition meilleure que celle du jeune homme, puisqu'il possède déjà ce que ce dernier espère. Le jeune homme désire vivre longtemps ; le vieillard a longtemps vécu. Mais, à tout prendre, qu'est-ce que peut être la durée de la vie humaine ? Imaginez la carrière la plus longue possible, prenez pour exemple celle du roi des Tartessiens ; car j'ai lu quelque part que l'on vit à Gadès un certain Arganthonius régner quatre-vingts ans, et en vivre cent vingt. Pour moi, je ne puis reconnaître de durée là où je rencontre une fin. Quand le dernier moment arrive, tout ce qui a précédé s'évanouit ; il ne vous reste que les fruits de la vertu et des bonnes actions. Les heures s'en vont, et avec elles les jours, les mois, les années ; le temps écoulé ne revient pas, et l'on ne peut connaître ce que l'avenir nous prépare. Chacun doit être satisfait du temps qu'il lui est donné de vivre. Un bon comédien n'a pas besoin, pour plaire, d'aller jusqu'au bout de la pièce ; qu'il se montre dans un des premiers actes, et on l'applaudira : ainsi du sage, il n'est pas nécessaire qu'il demeure sur la scène jusqu'à la chute du rideau. La vie est toujours assez longue pour y pratiquer la vertu ; si elle se prolonge, il ne faut pas plus s'en désoler que les gens de la campagne ne se désolent de voir le printemps et ses fêtes céder la place à l'été, et celui-ci à l'automne. Le printemps est comme la jeunesse de la nature ; il nous promet des fruits dont la récolte est réservée à d'autres saisons. Les fruits de la vieillesse, je l'ai déjà dit souvent, sont le souvenir de nos belles actions et la jouissance des biens que nous a faits notre vertu. D'ailleurs, nous devons compter parmi les biens tout ce qui est dans l'ordre de la nature : est-il rien qui soit plus dans l'ordre que de mourir quand on est vieux ? Quand la mort frappe un jeune homme, il semble au contraire que ce soit en dépit de la nature. On pourrait comparer la vie qui est enlevée au jeune homme au feu que l'on étouffe sous une montagne d'eau ; tandis que le vieillard expire doucement, comme une flamme qui se consume et s'éteint sans effort. Les fruits encore verts ne se détachent de l'arbre qu'avec peine, mais ils tombent d'eux-mêmes quand ils sont mûrs : la vie est comme un fruit, il faut la violence pour l'arracher au jeune homme ; mais elle quitte naturellement le vieillard. Cette maturité de la vieillesse a beaucoup de charmes pour moi ; à mesure que j'approche de la mort, il me semble que je découvre la terre après une longue navigation, et que je vais enfin toucher au port.

XX. Les autres âges ont un terme marqué, la vieillesse seule n'en a pas. On peut vivre et bien vivre tout chargé d'ans ; savez-vous par quel secret ? En remplissant ses devoirs et en méprisant la mort. Aussi arrive-t-il souvent qu'un vieillard est plus courageux et plus ferme qu'un jeune homme. On en voit un exemple dans Solon : le tyran Pisistrate lui ayant demandé sur quel espoir il se fondait pour lui résister si audacieusement, le sage répondit :

sur la vieillesse. La plus belle manière de mourir, c'est quand on voit, en conservant tout son esprit et toutes ses facultés, la nature dissoudre elle-même l'ouvrage qu'elle avait composé. Personne mieux que l'architecte ne sait démolir un édifice ou mettre en pièces un vaisseau; ainsi la nature a l'art de dissoudre avec une facilité incomparable le corps humain qu'elle a cimenté. Tout ce qui est cimenté nouvellement résiste, tout ce qui l'est d'ancienne date se décompose facilement. De tout cela il faut conclure que les vieillards ne doivent pas s'attacher trop avidement à ce reste d'existence, mais aussi qu'ils ne doivent pas le répudier sans motif. Pythagore nous défend de quitter le poste de la vie sans un ordre du chef, c'est-à-dire de Dieu. Nous avons une épitaphe de Solon, où il demande que sa mort soit pleurée par ses amis[40]; il voulait sans doute ne jamais être effacé du souvenir des siens. Mais je ne sais trop s'il ne faut pas donner la préférence à Ennius, qui nous dit : « Je ne veux pour mon trépas ni deuil ni larmes. » Le poète ne pense pas qu'il faille pleurer la mort que l'immortalité doit suivre. Peut-être le passage de la vie à la mort est-il sensible pendant un court instant, et surtout au vieillard; mais après la mort, ou nous n'aurons plus de sentiment, ou nous goûterons une pure félicité. Ce sont là des pensées qu'il faut méditer dès son enfance pour apprendre à mépriser la mort : sans cette méditation, la paix fuira toujours notre esprit. Nous devons mourir, voilà qui est certain, et nous ne savons si ce n'est pas aujourd'hui même. La mort est à toute heure suspendue sur nos têtes ; si vous la redoutez, comment aurez-vous un seul moment de repos ? Mais je ne crois pas qu'un long discours soit nécessaire pour nous armer contre elle, quand je me remets en mémoire, non pas seulement L. Brutus, qui fut tué en combattant pour la liberté de sa patrie ; les deux Décius, qui lancèrent leurs chevaux dans les rangs ennemis pour y chercher la mort ; M. Atilius, qui alla s'offrir aux supplices, pour tenir la parole qu'il avait donnée aux ennemis ; non pas seulement les deux Scipions[41], qui voulurent que les Carthaginois ne pussent s'avancer vers Rome qu'en passant sur leurs corps ; ou L. Paullus, votre aïeul, qui paya de sa tête la témérité de son collègue à l'ignominieuse journée de Cannes ; ou bien encore M. Marcellus, à qui le plus cruel de tous nos ennemis ne put refuser les honneurs de la sépulture[42] ; mais des légions entières, comme je l'ai rapporté dans mes *Origines*, qui couraient avec enthousiasme se jeter dans des périls d'où elles pensaient ne jamais revenir. Cette mort que des jeunes gens, des esprits incultes et grossiers savent si bien mépriser, des vieillards éclairés la redouteraient-ils ? C'est, selon moi, la satiété de tous les goûts qui fait la satiété de la vie. L'enfance a ses goûts à elle ; voyons-nous que la jeunesse les partage ? La jeunesse à son tour a les siens ; l'âge mûr les lui envie-t-il ? Et ceux de l'âge viril sont-ils regrettés par la vieillesse ? Nous enfin, nous avons nos goûts ; ils s'épuisent et passent comme ceux des autres âges ; et alors la satiété de la vie fait l'opportunité de la mort.

XXI. Je ne vois pas pourquoi je ne m'enhardirais pas à vous dire tout ce que je pense de la mort ; j'en suis si près, que je crois pouvoir en bien juger. Ma pensée est donc que votre père, Scipion, et le vôtre aussi, Lélius, ces deux hommes illustres et que j'aimais tendrement, vivent aujourd'hui, et de la seule vie qui mérite de porter ce nom. Tant que nous sommes renfermés dans les liens du corps, nous avons à remplir de dures fonctions, et nous sommes en quelque façon sous la verge de la nécessité ; car notre âme, d'origine céleste, est déchue de sa première gloire et comme précipitée sur la terre, dans la condition la plus indigne de sa divine nature, la moins faite pour un être éternel. Mais je crois que les Dieux ont attaché des âmes aux corps humains pour donner à la terre des génies protecteurs, et pour qu'il y eût des intelligences capables de contempler l'ordre des sphères célestes, et de l'imiter par la parfaite régularité de leur vie. Ce ne sont pas seulement mes réflexions qui m'ont conduit à cette croyance, mais l'autorité des plus célèbres philosophes. J'avais appris que Pythagore et les Pythagoriciens, qui étaient presque nos compatriotes, et que l'on appelait autrefois philosophes italiques, tenaient pour certain que nos âmes sont des parcelles divines d'une grande âme universelle ; je lisais tout ce que Socrate, près de quitter la vie, enseignait à ses amis sur l'immortalité de l'âme, et je me rappelais qu'au jugement d'Apollon, c'était là le plus sage de tous les hommes. Que vous dirai-je ? Je me suis persuadé, je crois fermement que cette activité prodigieuse de l'esprit, cette mémoire admirable du passé, cette prévoyance de l'avenir, tous nos arts, toutes nos sciences, toutes les inventions des hommes ne décèlent pas une nature périssable, un génie mortel. Notre âme est sans cesse en mouvement ; mais le mouvement de l'âme n'a point eu de commencement, puisqu'elle se meut elle-même ; et il n'aura pas de fin, puisque l'âme ne se manquera jamais à elle-même. D'ailleurs, l'âme, de sa nature, est simple, et ne porte en elle aucun mélange d'éléments hétérogènes ; elle ne peut donc être divisée, et par conséquent elle ne peut périr. Il faut reconnaître aussi que les hommes apportent en naissant une foule de connaissances reçues dans une vie antérieure : ce qui le prouve, c est que les enfants, appliqués à des études difficiles, saisissent tout un monde de vérités avec une telle promptitude qu'ils paraissent bien ne pas les entendre pour la première fois, mais seulement se les rappeler et en avoir la réminiscence. Voilà à peu près comme Platon prouve l'immortalité de l'âme.

XXII. Dans les livres de Xénophon, l'ancien Cyrus dit en mourant : « N'allez pas croire, mes enfants chéris, que lorsque je vous aurai quittés, je ne serai nulle part ou que je ne serai plus. Tandis que j'étais avec vous, vous ne voyiez pas mon âme ; vous compreniez seulement par mes actions que ce corps était animé par elle. Croyez donc qu'elle existera encore lors même qu'elle vous sera devenue entièrement invisible. Les hommages que l'on rend aux grands hommes après leur mort ne seraient pas de longue durée, et leur souvenir s'effacerait bientôt, si l'on ne croyait honorer leurs âmes, instruites de ce qui se fait en ce monde. Je n'ai jamais pu me persuader que les âmes trouvent la vie dans ces corps périssables, et la mort quand elles en sortent ; je ne puis croire qu'elles perdent toute intelligence en quittant des corps essentiellement dépourvus d'intelligence ; mais je suis convaincu que, libres alors de tout commerce avec la matière, recouvrant leur pureté et leur beauté originelles, les âmes naissent à la vraie sagesse. Lorsque la nature de l'homme est frappée de dissolution par la mort, on peut voir où retourne chacun des autres éléments qui la composaient; car tout dans l'univers revient à sa source : l'âme seule est invisible, et lorsqu'elle s'unit au corps et lorsqu'elle l'abandonne. Vous savez, mes enfants, que rien ne ressemble plus à la mort que le sommeil. Or, pendant le sommeil, les âmes nous manifestent leur divinité; détachées alors et indépendantes, elles s'élancent dans l'avenir qui leur est ouvert, et nous montrent ce qu'elles doivent être lorsqu'elles se trouveront pour jamais affranchies des liens du corps. Si telle est ma destinée, quand vous ne m'aurez plus, mes enfants, honorez-moi comme un dieu; mais si mon âme doit périr avec ce corps, vous offrirez vos adorations aux Dieux qui gouvernent et conduisent cet admirable univers, et cependant vous conserverez de votre père un pieux et inaltérable souvenir[43]. »

XXIII. Voilà ce que dit Cyrus mourant : pour nous, voyons ce que nous devons croire et de nous-mêmes et des nôtres. Jamais on ne me persuadera, Scipion, que Paul-Émile votre père, Paul et l'Africain, vos deux aïeux, le père de l'Africain, son oncle, et tous ces grands hommes qu'il serait trop long de nommer, ont fait tant de nobles actions adressées directement à la postérité, sans voir certainement que la postérité ne serait pas un néant pour eux. Et pour me vanter un peu moi-même, selon l'usage des vieillards, croyez-vous que j'aurais entrepris et supporté tant de travaux et tant de veilles à Rome et dans les camps, si j'eusse pensé que ma gloire ne dût pas s'étendre au-delà de ma vie mortelle ? N'eût-il pas mieux valu couler mes jours dans le repos et le loisir, sans fatigues ni sueurs ? Mais je ne sais par quel ressort mon esprit, se rehaussant toujours, portait ses regards vers la postérité, et semblait attendre le terme de ma carrière mortelle pour commencer à vivre. Si nous ne sommes pas immortels, comment donc expliquer cet élan des grandes âmes, qui ne poursuivent au monde que l'immortalité de la gloire ? Voyez la sérénité du sage dans la mort, voyez le trouble de l'insensé : ne vous semble-t-il pas que l'âme du premier, dont le regard est plus sûr et plus perçant, a découvert au-delà du tombeau une vie meilleure, que l'insensé, tout enveloppé de ténèbres, ne sait pas apercevoir ? Pour moi, je suis transporté du désir d'aller revoir vos pères, que j'honorais et que je chérissais ; il me tarde de me trouver dans la société non seulement de ceux que j'ai connus, mais de ceux dont j'ai ouï parler, dont j'ai lu ou écrit moi-même les belles actions. Je vais arriver, le chemin s'avance ; je crois qu'il serait bien difficile de me faire revenir sur mes pas : qui voudrait me rajeunir comme Pélias, s'adresserait mal. Un dieu lui-même me proposerait de renaître, et s'offrirait à me remettre au sein de ma nourrice, que je le remercierais très résolument. Je touche au terme de la carrière, et je n'ai nullement l'envie d'être rappelé de la borne au point de départ. Qu'a donc la vie de tellement agréable ? N'est-elle pas une longue école de souffrance[44] ? Admettons qu'elle ait des plaisirs ; il doit venir un jour où l'homme en sera rassasié et détaché. Je ne veux pourtant pas médire de la vie, comme l'ont fait tant de philosophes ; je ne me repens point d'avoir vécu, parce que je crois que je n'ai point été inutile au monde ; et je quitte la vie comme on sort d'une hôtellerie et non de sa maison paternelle. La nature nous a mis sur cette terre pour y séjourner, mais non pour l'habiter toujours. Ô le beau jour que celui où je partirai pour cette assemblée céleste, pour ce divin conseil des âmes, et où je m'éloignerai de cette tourbe et serai délivré de son contact impur ! J'irai rejoindre tous les grands hommes dont je vous parlais, et au milieu d'eux mon enfant chéri, le meilleur des hommes, le plus pieux des fils. J'ai mis son corps sur le bûcher, et c'est lui qui aurait dû rendre ce triste devoir à son père ; mais son âme ne m'a pas abandonné, et, me regardant d'en haut, elle a pris place dans ces demeures éternelles où elle voyait bien que je la rejoindrais un jour. J'ai paru supporter mon malheur avec courage, non pas qu'il n'eût déchiré mon cœur, mais je me consolais en pensant que cet adieu et cette séparation ne seraient pas de longue durée. Voilà les convictions qui me donnent la force que vous admiriez tant, Scipion et Lélius ; grâce à elles, je ne sens pas le fardeau des années, et, bien loin que la vieillesse me soit importune, j'y trouve des agréments nombreux. Si je me trompe en croyant que les âmes sont immortelles, je me trompe avec plaisir ; et tant que je vivrai, je ne veux pas qu'on m'arrache une erreur qui m'est si précieuse. Après ma mort, si je ne dois plus rien sentir, comme le prétendent quelques philosophes de bas étage, je n'ai pas à craindre que l'esprit de ces philosophes, anéantis comme moi, se raille de mon erreur. Quand même nous ne serions pas immortels, ce serait toujours un bienfait pour l'homme que de s'éteindre en son temps. Tout est compté dans la nature, tout prend fin, les jours de l'homme comme tout le reste. La vieillesse est le dernier acte de la vie. Un drame qui est trop prolongé fatigue ; quittons la scène, fuyons la satiété et l'ennui. Voilà ce que j'avais à vous dire de la vieillesse. Fassent les Dieux que vous y parveniez un jour, et que votre expérience puisse justifier ce que je viens de vous en apprendre !

Notes

1. Le dialogue de la Vieillesse est souvent désigné par ces premiers mots dans les lettres de Cicéron et dans quelques autres. C'est ainsi qu'on nommait le poème de Lucrèce : *Aeneadum genitrix*.
2. Le poète Ennius, qui supportait si bien sa pauvreté, qu'il semblait en faire son bonheur.
3. Atticus était resté plus de vingt ans à Athènes, au rapport de Cornélius Népos.
4. Cicéron veut parler de l'état d'oppression où César avait réduit la république, et surtout des alarmes et des inquiétudes qui suivirent la mort du dictateur.
5. Philosophe stoïcien qui avait fait un livre sur la vieillesse, où il faisait parler le vieux Tithon, personnage fabuleux. Cet Ariston était stoïcien ; il y eut un péripatéticien du même nom, qui ne laissa, selon le témoignage de Diogène Laërce, d'autre ouvrage qu'une lettre philosophique.
6. Le Scipion qui est introduit ici est le second Africain, fils de Paul-Émile, et adopté par l'un des fils du vainqueur d'Annibal.
7. C. Livius Salinator, consul en 565 avec M. Valérius Messala, et qui mourut grand pontife en 585 — Sp. Postumius Albinus fut consul en 567 avec Q. Marcius Philippus ; il faisait partie du collège des augures quand il mourut, en 573.
8. Caton, en revenant d'Afrique et passant par la Sardaigne, avait emmené avec lui à Rome le poète Ennius ; plus tard, lorsqu'il fut nommé préteur en Sardaigne, il prit Ennius dans sa compagnie, et fut initié par lui aux lettres grecques. — *Aurelius Victor, de Vir. ill.* 47.
9. Annibal prit Tarente en 541, mais M. Livius Salinator défendit la citadelle jusqu'en 544. Voyez Tite-Live, XXV, 9-10.
10. Les Gaulois Sénonais avaient été chassés de ces terres par L. Cornélius en 516, neuf ans avant le consulat de Fabius.
11. Voyez, sur le discours de Caton, Aulu-Gelle, VII, 13.
12. Paul-Émile triompha de Persée l'an de Rome 585 ; il mourut en 589, remplissant alors les fonctions de censeur. —Tib. Coruncanius, homme nouveau, fut le premier grand pontife.

13. C'est lui qui fit construire la voie Appienne, qui porte son nom.
14. On connaît le *delenda Carthago* du vieux Caton. La ville d'Annibal fut détruite trois ans après la mort de cet ennemi infatigable.
15. C'était une opinion parmi le peuple, que la lecture des épitaphes faisait perdre la mémoire.
16. « Il m'est advenu plus d'une fois d'oublier où j'avois caché ma bourse, quoi qu'en die Cicero. » Montaigne, *Essais*, II, 171.
17. Lucien (*in Macrobiis*) raconte ainsi le même fait : « Sophocle, dans ses dernières années, accusé de démence par son fils Iophon, lut aux juges son *Œdipe à Colone*, et leur prouva si bien par cette pièce qu'il avait toute sa raison, que, pénétrés pour lui d'une admiration nouvelle, ils déclarèrent qu'il n'y avait de folie que du côté de l'accusateur. » Mais un fait assez ignoré, c'est que la même chose arriva à l'abbé Cotin. Quelques-uns de ses parents voulurent le faire interdire : il invita ses juges à venir l'entendre prêcher ; et son éloquence, quelle qu'elle fût, produisit tant d'effet sur eux, qu'ils condamnèrent les accusateurs aux dépens et à une amende. (*Mélanges historiques*, Amsterdam, 1728. Note empruntée à M. J. V. Le Clerc.)
18. Diogène de Séleucie, sur le Tigre, qui fut envoyé à Rome par les Athéniens en 598, avec Carnéade l'Académicien et le Péripatéticien Critolaüs, et qui vécut quatre-vingts ans, au rapport de Lucien.
19. « Mes arrière-neveux me devront cet ombrage.
Eh bien, défendez-vous au sage
De se donner des soins pour le plaisir d'autrui ?
Cela même est un fruit que je goûte aujourd'hui. »
LA FONTAINE.
20. Platon cite dans le *Timée* un vers de Solon, qui faisait probablement partie de ceux dont Cicéron parle en cet endroit.
21. P. Licinius Crassus, qui fut consul en 583 avec C. Cassius Longius, vingt et un ans avant la mort de Caton, et qui était très-versé dans le droit civil et le droit pontifical.
22. Dans les *Mémorab.* de Xénophon, II, I, 31.
23. Τρῖ γὰρ δὴ μίν φασιν ἀνάξασθαι γένε' ἀνδρῶν. *Iliade*, I, 250.
24. Τοῦ καὶ ἀπὸ γλώσσης μέλιτος γλυκίων ῥέεν αὐδή. *Iliade*, I, 249.
25. Voyez sur le combat des Thermopyles contre les armes d'Antiochus, Tite-Live, XXXVI, 16.

26. Le stade, carrière où les Grecs s'exerçaient à la course, et qui était d'environ cent vingt-cinq pas géométriques de longueur.
27. Cicéron cite ailleurs (*de Amicit.*, 26) les vers de Cécilius, qui se trouvaient dans l'*Epiclerus* : « Hodie me ante omnes comicos stultos senes versaris, atque unxeris lautissime. »
28. Les clients à Rome étaient des plébéiens pauvres, qui choisissaient pour patrons les membres des familles patriciennes. Ceux-ci les protégeaient, défendaient leurs intérêts, et les dirigeaient dans leurs affaires.
29. L. Furius Camillus et Appius Claudius furent consuls l'an de Rome 404, et l'on ne peut douter que Platon ne soit venu à Tarente bien des années avant ce consulat. On trouve dans cet ouvrage quelques autres fautes de chronologie. Platon mourut vers l'époque même où Cicéron place son séjour en Italie ; il y avait longtemps qu'il ne voyageait plus. (Note empruntée à M. Le Clerc.)
30. T. Quintus Flamininus, qui vainquit Philippe de Macédoine.
31. Cybèle était d'abord adorée en Phrygie, où sont les monts Ida, Bérécynthe et Dindyme, d'où ont été tirées ces épithètes ordinaires de la mère des Dieux. C'est en 549 que P. Cornélius Nasica fit transporter en grande pompe l'image de cette déesse dans le temple de la Victoire. Voyez Tite Live, XXIX, 14.
32. Horace a dit avec assez de raison, s'il faut en croire cette joyeuse description :

Narratur et prisci Catonis
Sæpe mero caluisse virtus.

J.-B. Rousseau imite ainsi les vers d'Horace :

La vertu du vieux Caton,
Chez les Romains tant prônée,
Était souvent, nous dit-on,
De Falerne enluminée.
Odes, II, 2

33. Ambivius Turpio, acteur fort célèbre, que Cicéron mettait sur le même rang que Roscius, et dont Symmaque, plusieurs siècles après, parlait encore avec des éloges qui témoignent de la durée de sa gloire. Voyez Symmaque, *Epist.* X, 2.
34. C. Sulpicius Gallus, dont Cicéron parle souvent, et dont il fait surtout l'éloge dans le premier livre de la *République*.
35. P. Scipion Nasica, surnommé Corculon, qui fut consul avec C. Figulus en 591, et mourut grand pontife en 603.

36. Voyez sur Critobule les *Memor. Xénophont.*, 2. II, 6, et le *Banquet* du même philosophe. — Tout ce récit est traduit de l'*Économique* de Xénophon, IV, 20.

37. On voyait cette inscription sur le tombeau de Calatinus, à la porte de Capène. Il en est encore question dans les *Tusculanes*, I, 7, et dans les *Académiques*.

38. Aristote, *Rhét.*, II, 13, donne à cette observation un tour plus philosophique : « L'expérience d'une longue vie, la fourberie de la plupart des hommes, leurs propres erreurs, leurs disgrâces plus nombreuses que leurs succès, empêchent les vieillards de prononcer sur rien affirmativement… Ils sont moroses, car le propre d'un tel caractère est de tout voir sous un jour défavorable ; soupçonneux, parce qu'ils sont incrédules ; incrédules, parce qu'ils ont de l'expérience… S'ils sont compatissants, ce n'est pas qu'ils soient humains comme les jeunes gens, mais c'est qu'ils sont faibles, et se voient exposés à tout souffrir. Ce caractère porté à la pitié les rend chagrins, ennemis du rire et de la gaieté… » (Note empruntée à M. Le Clerc.)

39. Les deux fils de Paul-Émile, qui moururent, l'un peu de jours avant le triomphe de son père, l'autre immédiatement après.

40. Voici les vers de Solon où ce désir était exprimé :

    Μηδ' ἐμοὶ ἄκλαυστος θάνατος μόλοι, ἀλλὰ φίλοισι,
    Καλλείποιμι θανὼν ἄλγεα καὶ στοναχάς.

41. Cnéus et Publius, l'un père de Scipion Nasica, et l'autre du premier Africain. Ils périrent en Espagne, dans la seconde guerre Punique.

42. Annibal, qui lui rendit les derniers honneurs, et envoya à son fils ses cendres, renfermées dans une urne d'argent, couverte d'une couronne d'or.

43. *Cyropédie*, VIII, 17 *sqq*. Cicéron traduit le passage de Xénophon assez librement. On peut comparer les *Tusculanes*, I, 12, et le dialogue de l'*Amitié*, c. 4.

44. Cicéron nous dit dans les *Tusculanes* qu'Hégésias le Cyrénaïque avait écrit un livre où il énumérait tous les inconvénients de la vie humaine. On connaît ce vers d'Euripide :

    Ὁ βίος ἀληθῶς οὐ βίος, ἀλλὰ συμφορά.

    Voyez encore Pline, *Hist. N*, prœf. VII, et Sénèque, Ep. 99.

Vie de Cicéron

Marcus Tullius Cicero est né à Arpinum, en 106 avant J.-C., et meurt à Formies, en 44, assassiné par les soldats d'Antoine. Avocat, orateur, écrivain philosophe et vulgarisateur de la philosophie, il est l'auteur de correspondances célèbres avec ses amis, tels qu'Atticus (seize livres), ses familiers (seize livres), son frère Quintus (trois livres), qui était aussi le beau-frère d'Atticus. Admiré de son vivant, l'on possède des bustes de lui dont l'authenticité est certaine, et peu de ses manuscrits ont été perdus. Restent également tous ses célèbres traités de rhétorique (sept) ; douze traités, sur seize ou dix-sept, concernant la politique et la morale ; cinquante et un discours et plaidoyers sur environ cinquante-cinq ; toutes ses lettres, et même quelques apocryphes ; seule sa poésie, médiocre, nous est parvenue fragmentée.

Sa famille appartient à l'ordre équestre, les Chevaliers, mais personne jusqu'alors ne s'y était distingué par une magistrature importante. Malgré l'admiration et le prestige que lui vaut son génie littéraire,

Cicéron s'illusionne en pensant qu'il est de taille à résister au génie manœuvrier et politique de César qui, d'ailleurs, ne le redoute pas sur le plan littéraire et oratoire, à tenir tête à un Pompée, moins intelligent mais chef de la vieille aristocratie sénatoriale et d'une famille connue, ou encore à Crassus, surnommé le Riche, qui à Rome représente la puissance de l'argent.

En d'autres temps, Cicéron aurait fait une carrière moins agitée, mais lui, républicain, tombe juste au moment où, pour diverses raisons conjointes – étendue territoriale exigeant cohésion et décisions rapides, disparités trop accusées des classes sociales, baisse de moralité et disparition des anciens idéaux dans la classe politique –, la République romaine est au bord de l'explosion, sous la pression des masses populaires. Tout cela échappe un peu à Cicéron qui, comme tous les « nouveaux » ayant atteint un certain niveau social, se donne de bonnes raisons d'être à la fois conservateur et libéral.

Avocat, redouté à partir de 80 avant J.-C., Cicéron s'en va six mois à Athènes (en 79), avec son ami Atticus ; ce séjour est décisif puisqu'il y étudie la philosophie. Après la mort de Sylla, il continue sa découverte du monde grec jusqu'en 77 par un voyage en Asie mineure et à Rhodes, où il va écouter les grands rhéteurs et philosophes, et où il suscite l'admiration des Grecs par son éloquence.

De retour, il gagne le procès Roscius, un comédien connu : il devient si populaire qu'il est élu questeur (inspecteur du gouvernement en quelque sorte) en 75 avant J.-C. à Lilybée, en Sicile. Il y constate les exactions du propréteur Verrès contre les Siciliens qui leur extorque leurs richesses et œuvres d'art ; Cicéron écrit un rapport sous la forme de plusieurs discours, les sept *Verrines*, mais il n'aura le temps de prononcer à Rome, en 70, que les deux premières : épouvanté par ce réquisitoire, un chef-d'œuvre de l'éloquence judiciaire où ses crimes sont dépeints avec une vigueur saisissante, Verrès s'enfuit et s'exile de lui-même sans attendre le jugement.

Entre-temps, en 72 avant J.-C., Cicéron devient édile, puis préteur en 66. C'est alors qu'il manque un peu de cette clairvoyance en amitié qu'il réclame par la bouche de Lélius : il cherche, comme tous les « nouveaux », à être reconnu et légitimé par la familiarité amicale des « anciens », tels Pompée ou Catilina, dangereux agitateur, son rival pour le consulat, qui deviendra son ennemi sitôt que Cicéron aura été, en 63 avant J.-C., élu consul par acclamations, dans la hâte d'un Sénat terrorisé par l'idée qu'une crapule comme Catilina prenne le pouvoir. Aussitôt Cicéron, avec un esprit de décision remarquable, prononce les *Catilinaires*, dans lesquelles il dénonce les agissements du personnage, l'oblige à fuir et fait exécuter ses complices. Cela lui vaut le titre de « père de la Patrie ». Il est alors au sommet de sa gloire.

Ses relations avec Pompée, César et Crassus se dégradent, et le tribun Clodius, autre ennemi juré, fait passer une loi qui contraint Cicéron à s'exiler à Thessalonique en 58. En 57, il rentre triomphalement à Rome ; il écrit alors beaucoup, est reçu dans le collège des Augures en 53, et plaide plusieurs procès fameux. En 51 avant J.-C., il est nommé gouverneur en Cilicie ; excellent administrateur, il obtient le titre d'« *imperator* », c'est à dire commandant de l'armée, à la suite d'une expédition punitive contre les Parthes (50).

Crassus meurt lors d'une nouvelle expédition contre ces terribles ennemis, ce qui entraîne aussitôt la guerre civile entre partisans de César et partisans de Pompée. Que faire? Pompée était jusqu'alors un allié de Cicéron, mais il est aussi dangereux pour la République que César et beaucoup moins intelligent... Irrésolu, Cicéron décide de s'éloigner de Rome, il se retire en Épire (Grèce). Quand César a écrasé Pompée à Pharsale, il revient en Italie, en 48 avant J.-C. César, qui estime et respecte Cicéron, lui signifie qu'il peut être sans inquiétude et lui fait des propositions, mais Cicéron ne reprend pas de charge officielle, il vit dans ses propriétés et se consacre à l'étude des philosophes. C'est à cette époque qu'il rédige les *Paradoxes des stoïciens* (47), en peu de temps et dans un élan patriotique : peu rassuré par César, il constate l'étouffement progressif des libertés par la dictature et en appelle à ses concitoyens en rendant hommage aux valeurs passées (dont les thèses stoïciennes sont l'illustration). Il divorce en 45, se remarie, mais perd sa fille Tullia qu'il adorait.

Il aurait pu finir sa vie en paix. L'assassinat de César en 44 avant J.-C. en décide autrement. Antoine prétend succéder à l'empereur. Cicéron fait le jeu du neveu de César, Octave, et prononce contre Antoine les fameuses *Philippiques*, ce qui le perdra. Hélas, quand se constitue le triumvirat Octave, Antoine, Lépide, Antoine exige la mort de Cicéron : Octave laisse faire, pensant peut-être que Cicéron aurait largement le temps de s'enfuir. Les vents étant contraires, Cicéron ne peut quitter la côte italienne. Il choisit de revenir dans sa villa de Formies pour attendre les soldats d'Antoine, en route pour l'assassiner. Cicéron meurt avec dignité. Antoine, toujours vindicatif, fait exposer sa tête à Rome, sur la tribune aux Harangues.

Ainsi, assez injustement, s'achève une vie politique et littéraire des plus fécondes, et disparaît l'orateur que le monde n'oublierait jamais, et dont les œuvres allaient être étudiées sans discontinuer pendant vingt siècles…

Repères bibliographiques

Œuvres de Cicéron

- *Les Devoirs*, texte établi et traduit par Maurice Testard, Belles Lettres/Budé, 1974, 2 volumes.
- *On Duties*, édition établie par M. T. Griffin et E. M. Atkins, Cambridge University Press, 1991.
- *Les Paradoxes des stoïciens*, Mille et une nuits, 2003.
- *L'Éthique d'Épicure, De finibus livre I*, Mille et une nuits, 2002.

Ouvrages sur Cicéron

- Auvray-Assayas (Clara), *Cicéron*, Belles Lettres, 2006.
- Boyancé (Pierre), « Rapport sur le stoïcisme à Rome », in *Actes du Congrès de l'Association Guillaume Budé à Aix en Provence*, Belles Lettres, 1964.
- Desjardins (Arthur), *Les Devoirs. Essai sur la morale de Cicéron*, Didier, 1865.
- Dick (Andrew Roy), *A commentary on Cicero*, De Officiis, University of Michigan Press, 1996.
- Grimal (Pierre), *Cicéron*, Fayard, 1986.
- Lévy (Carlos), *Cicero Academicus. Recherches sur les* Académiques *et sur la philosophie cicéronienne*, École française de Rome, 1992.
- Liscu (Marin O.), *Études sur la langue de la philosophie morale de Cicéron*, Belles Lettres, 1930.
- Testard (Maurice), « Le fils de Cicéron, destinataire du *De Officiis* », in *Bulletin de l'Association Guillaume Budé*, Paris, n° 2, 1962.
- Valente (Milton), *L'Éthique stoïcienne chez Cicéron*, thèse de doctorat Paris et Porto Alegre,1956.

Nous remercions les libraires participant à l'aventure 1001 Nuits

Jean-Pierre Agasse (Actes Sud, Arles); Nathalie Alonzo (Espace culturel, Figeac); Benoit Anceaume (L'esperluette, Chartres); Céline Arrault (Le pain de 4 livres, Yerres); Laurent Artu (groupe NAP, Charenton); Amélie Artus (Sauramps, Montpellier); Isabelle Aurousseau-Couriol (Librairie de Paris, Saint-Étienne); Samuel Badaud (Vent d'ouest, Nantes); Laurent Bangoura (Cas'a Bulles, Cayenne); Emmanuelle Barbier-Maître (Librairie du Cours, Lyon); Grégory Barroso (Le grand cercle, Éragny); Anne Baudinet (L'oiseau lire, Visé); Raluca Belandry (Revue Daïmon, Paris); Maritsa Boghossian (Pleine Lune, Tassin-la-Demi-Lune); Fabienne Boidot-Forget (Gibert Joseph, Pithiviers); Cécile Boissier (Garin, Chambéry); Delphine Bouetard, (Librairie Ici, Paris); Joëlle Brack Grosmangin (Librairie Payot, Lausanne); Bruno Cassou (Antipodes, Enghien-les-Bains); Philippe Castelneau (Sauramps Odyssée, Montpellier); David Cazals (Librairie Henri IV, Paris); Laetitia Cazenave (Les libraires volants, Paris); Cécile Chaffois (Nouvelle Librairie Baume, Montélimar); Guillaume Chauvot (Gibert Joseph, Lyon); Christine Charrier (Agora, La Roche-sur-Yon); Annabelle Chauvet et Juliette Debrix (Un livre et une tasse de thé, Paris); Renée Combal-Weiss (Caractères, Issy-les-Moulineaux); Catherine Connan (Fnac Bellecour, Lyon); Silvana Cotelli (Librairie Payot, Neuchâtel); Nadine Couder (Grand Large, Saint-Martin-de-Ré); Muriel Couderc (La folle avoine, Villefranche-de-Rouergue); Florence Courbalay (Plume & fabulettes, Ancenis); Pierre Coutelle (Mollat, Bordeaux); Clara Da Silva (Les 2 GeorgeS, Bondy); Pascale Delaveau (C'est la faute à Voltaire, Amboise); Alban Derbré (Gibert Joseph, Paris); Charlotte Desmousseaux (La vie devant soi, Nantes); Fabien Dorémus (Martelle, Amiens); Julien Doussinault (L'Écume des Pages, Paris); Charlyne Drouhard (Librairie LULU, Mornant); Audrey Dubreuil (Ellipses, Toulouse); Loïc Ducroquet (L'Écume des Pages, Paris); Arnaud Duhameau (Librairie Saint-Norbert, Coques); Arnaud Dujeancourt (L'encre marine, Eu); Marie-Cécile Faret (L'échappée belle, Sète); Céline Ferré (Librairie Café, Crécy-la-Chapelle); Sophie Foulon (Espace Pierre Lecut, Ermont); Philippe Fournier (Maison de la presse, Mondésir); Frédérique Franco (Le Goût des Mots, Mortagne-au-Perche); Dominique Fredj (Le Failler, Rennes); Claire Gardet (Page des Libraires, Paris); Sarah Gastel (La Terre des Livres, Lyon); Bénédicte Gelly (L'Alinéa, Bayonne);

Christophe Goddard (Librairie Arthaud, Grenoble); David Goulois (Cultura, Chambray-lès-Tours); Fanny Guédez (Birmann Majuscule, Anthy-sur-Léman); Frédéric Guerbignot (Lu & Approuvé, Amboise); Laurence Guillemot (La Baignoire d'Archimède, Brive); Joël Hafkin (La boîte à livres, Tours); Jean-David Henninger (Librairie La Marge, Haguenau); Thomas Herondart (Fnac); Sylvaine Jeminet (L'Établi, Alfortville); Thierry Jobard (Kléber, Strasbourg); Ludovic Labbé (Librairie UOPC, Bruxelles); Éric Lafraise (Cultura, Mérignac); Alain Lamarre (Vent de soleil, Auray); Emmanuel Languille (Fnac, Nantes); Julien Laparade (Dialogues, Brest); Cédric Laprun (L'Escapade, Oloron-Sainte-Marie); Jessica Lecourt-Devis (Espace culturel, Hyères); Denis Lelièvre (Le Failler, Rennes); Nicolas Levillain (Espace culturel, Tourlaville); La Librairie des Halles à Niort; Quentin Marais (Librairie Coiffard, Nantes); Camille Marion (Le Failler, Rennes); Nicolas Marion (L'Écume des Pages, Paris); Anne Martelle (Librairie Martelle, Amiens); Frédérique Massot (La rose des vents, Dreux); Constance Michallek (Club Saint Georges, Saint-Georges-sur-Meuse); Dominique Mollard (Amalivre, Paris); Philippe Monnier (Librairie des Canuts, Lyon); Mathieu de Montchalin (L'Armitière, Rouen); Lydia Moretti-Gleyses (Les Racines du Vent, Chevreuse); Fanny Moyet (Librairie Arthaud, Grenoble); Angélique Muller (Cultura, Béziers); Nicolas Norrito (Librairie Libertalia, Montreuil); Laurie Nunes Nogueira (Espace culturel Leclerc, Chateaudun); Brahim Oubaha (Librairie Aaz, Casablanca); Camilla Patruno (Librairie Maipiu, Tonnerre); Olivier Paulais (La Virevolte, Lyon); Léann Perchec (Comme un roman, Chatou); Samuel Péricaud (Ombres blanches, Toulouse); Michaël Picoron (Librairie Vauban, Maubeuge); Elsa Pierrot (Paris Librairie); Géraldine Point (Librairie Charlemagne, Toulon); Florie Ponsin (Librairie Sauramps en Cévennes, Alès); Aurore Pourny (Caractères Librairie Social Club, Mont-de-Marsan); Olivier Renault (La Petite Lumière, Paris); Sophie Rigaut-Courbères, de la librairie Espace culturel Leclerc, Tourlaville); Juliet Romeo (Librairie La Madeleine, Lyon); Thierry Saillot (Librairie Jonas, Paris); Coralie Sécher (Librairie Coiffard, Nantes); Muriel Shum King (Librairie Eyrolles, Paris); Aanthia Soulcié (Le Pavé du Canal, Montigny-le-Bretonneux); Esther Spruyt (Pâquerette et Marcassin, Vaux-Chavanne); Marie Stonestreet (Mollat, Bordeaux); Jonathan Tenreiro (Librairie Durance, Nantes); Manon Tézier (Librairie Masséna, Nice); Jean-Jacques Thomas (Les temps modernes, Orléans); Élodie Torossian (Librairie Siloë, Mont-Saint-Michel); Frédéric Tué (L'Odyssée, Saint-Malo); Morgane Vauthier (Lalibambulle, Prades); Marie-Ève Venturino (Libreria Stendhal, Rome, Italie); Alex Villon (Librairie La Madeleine, Lyon); Catherine Zafonte (Librairie Montbarbon, Bourg-en-Bresse); Lydie Zannini (Librairie du Théâtre, Bourg-en-Bresse); André Zaradzki (Le chant de la terre, Pont-Saint-Esprit); Florence Zinck (Sauramps, Montpellier); Mélanie Zumbrunn (Cultura, Gennevilliers).

La Petite Collection des éditions Mille et une nuits

En 1993, les éditions Mille et une nuits lancent un concept éditorial révolutionnaire : « le livre à 10 francs ».

Dès la parution du premier volume de la Petite Collection, le succès est immédiat : la *Lettre sur le bonheur* d'Épicure se vend à plus de 100 000 exemplaires.

Depuis, plus de 600 titres ont été publiés : textes essentiels, propositions éclectiques dans les domaines de la littérature, des beaux-arts et des sciences humaines, depuis l'Antiquité jusqu'à nos jours, écrits méconnus de grands auteurs ou textes puissants d'auteurs injustement oubliés.

Accessible à tous par son prix et son format, la Petite Collection s'adresse aux curieux, lecteurs occasionnels ou avertis, esthètes. Elle présente des livres réjouissants, beaux et bons à la fois.

Depuis mars 2020, vos libraires participent à la programmation éditoriale de la Petite Collection. Ils choisissent avec nous, éditeurs, les nouveautés et leurs couvertures. N'hésitez pas à leur faire part de vos envies de lecture !

Composition réalisée par Belle Page

77.6373.2/01
Achevé d'imprimer en octobre 2021
par La Nouvelle Imprimerie Laballery (Clamecy, France).
Dépôt légal : novembre 2021 - N° d'impression : 107950

PAPIER À BASE DE FIBRES CERTIFIÉES

Fayard s'engage pour l'environnement en réduisant l'empreinte carbone de ses livres. Celle de cet exemplaire est de : 0,150 kg éq. CO_2
Rendez-vous sur www.fayard-durable.fr